MARGIT PROEBST

Salat & Dressing

70 knackige Salatrezepte und noch mehr Dressings

C CHRISTIAN

Inhalt

Vorwort

Ob kleiner Beilagensalat oder exquisite Vorspeise,
ob leichtes Abendessen oder üppiger Partysalat –
zu knackig frischen und appetitlich angerichteten
Salaten sagt keiner Nein. Gesund sind sie auch, klar.
Aber *der Genuss steht* bei den Rezepten in
diesem Buch definitiv an *erster Stelle!* Schon
beim Betrachten der Bilder wird Ihnen das Wasser
im Munde zusammenlaufen.

Was wäre ein leckerer Salat ohne das passende
Dressing? Für die gekonnte »Anmache« erfahren Sie
auf den folgenden Seiten alles über die *perfekte
Zubereitung raffinierter Salatsaucen.*
Mit selbst angesetzten Essigen und Ölen verleihen
Sie Ihren Salaten künftig eine ganz individuelle Note.
Viel Spaß beim Zubereiten!

Was der Markt hergibt

Bunt gemischte Salate sind aus der zeitgemäßen Küche gar nicht wegzudenken, und viele der *fantasievollen Kreationen* in diesem Buch haben sogar das Zeug zu lecker-leichten *Lieblingsgerichten.*

Wissen Sie, was das Wort »Salat« bedeutet? Es ist abgeleitet vom lateinischen Wort *salatum* für »Eingesalzenes«. Über die Mundartform *salata* wurde daraus die italienische *insalata.* Unser Wort »Salat« ist bereits in spätmittelhochdeutscher Zeit belegt, Salate gab es bei uns folglich schon im Mittelalter. Und tatsächlich finden sich Hinweise darauf in den Schriften der Hildegard von Bingen (1089–1179). Die grünen Köpfchen sind aber nachweislich noch viel älter: Bereits auf ägyptischen Reliefs aus der Zeit um 2500 v. Chr. sind unserem heutigen Romana-Salat ähnliche Salatköpfe dargestellt. Von Ägypten breitete sich der Salat über die ganze griechische und römische Welt aus. Er wurde sowohl roh als auch gekocht verzehrt und galt in der Antike als Aphrodisiakum.

Grün-bunte Salatvielfalt

Heute gibt es bei uns über 30 verschiedene Sorten Kopf- und Schnittsalat, auf Seite 10 sehen Sie die bekanntesten. Kräuter wie Rucola, Löwenzahn und Portulak steuern zusätzliche Würze bei. Aber das ist längst nicht alles, was sich für die grün-bunte Vielfalt auf dem Salatteller eignet. Da wären zum Beispiel auch noch Salatgurken, Tomaten, Paprikaschoten, Karotten, Rettich und Radieschen. Roh geraspelt oder in Scheiben oder Würfelchen geschnitten, dienen sie als leckere

Beigaben zum gemischten Salat. Manche Gemüsesorten sind sowohl roh mariniert als auch vorgegart ein Genuss (weißer Spargel, Babyspinat, Butternusskürbis, Weiß- und Rotkohl), andere schmecken besser gekocht oder gebraten und dann mariniert: Blumenkohl, Zucchini und Auberginen sind Beispiele dafür. Kartoffeln, Nudeln, Bulgur und Reis erweitern das Spektrum. Sie sind die Basis der etwas gehaltvolleren und auch sättigenderen Varianten.

Grüner Salat, Gurkensalat, Tomatensalat, Kartoffelsalat, Blumenkohl- und Selleriesalat sind die Klassiker aus Großmutters Zeiten. Mit der Reiselust nach Italien, Spanien und Griechenland kamen neue mediterrane Salatzutaten wie Oliven, Artischocken und Avocados hinzu. Auch Mozzarella, Schafskäse, Thunfisch, Garnelen und viele Zutaten mehr sowie Pinienkerne, Walnüsse und Mandeln als Topping wurden populär. Heute bereichern darüber hinaus orientalische und asiatische Salate unser Repertoire. Und längst ist der Salat keine reine Beilage mehr, sondern auch delikate Vorspeise oder leichtes Hauptgericht.

Das richtige Dressing

Was die Salatsauce betrifft, wurde zu Großmutters Zeiten nicht viel Aufhebens gemacht: Salz, Pfeffer, eine Sorte Weinessig und Sonnenblumen- oder ein anderes heimisches Pflanzenöl, fertig. Mehr Auswahl gab es kaum. Mit der mediterranen Küche kam aromatisches Olivenöl zu uns, dazu gesellten sich Nussöle aus Griechenland und Frankreich. Verschiedene Sorten Senf und Meersalz erweiterten die Möglichkeiten, beim Dressing neue Geschmacksnuancen zu entwickeln, die besonders gut zu diesem oder jenem Salat passten. Mit der asiatischen Küche brachten Chilischoten, Ingwer, Zitronengras, Fischsauce und Sesamöl aus gerösteten Samen ganz neue Aromen mit ins Spiel. Die orientalische Küche aus Nordafrika und Nahost schließlich fügte die herbaromatische Sesampaste Tahin, Minze und Gewürze wie Koriandergrün, Kreuzkümmel und Zimt hinzu. Harissa oder Chiliflocken steuerten mehr oder weniger Schärfe bei. Und Knoblauch durfte und darf weder in der mediterranen noch in der asiatischen oder orientalischen Küche fehlen, was natürlich auch für die Salatzubereitung gilt.

Bei asiatischen Salaten kommt als säuerliche Komponente meist Limettensaft zum Einsatz. Zur harmonischen Abrundung des Dressings verwendet man außerdem immer etwas Zucker. Bei orientalischen Salatsaucen ist die Basis im Allgemeinen Zitronensaft. Essig ist alkoholhaltig und schon aus dem Grund in arabischen Ländern nicht üblich. Auch für orientalische Salatdressings können Sie zur Abrundung eine kleine Prise Zucker oder ein wenig Honig verwenden.

Heutzutage haben wir die Möglichkeit, aus einer breiten Palette von Dressings zu wählen. Haben Sie Lust auf ein klassisches Essig-Öl-Dressing? Auf Seite 35 erfahren Sie detailliert, wie Sie eine Vinaigrette aufschlagen. Oder darf es etwas auf der Basis von Mayonnaise, Crème fraîche oder Joghurt sein? Lesen Sie auf Seite 79 nach, was es dabei zu beachten gilt. Auch mit Pesto lässt sich so mancher Salat verfeinern; auf Seite 165 finden Sie die passenden Rezepte dazu. Wofür auch immer Sie sich entscheiden – Langeweile hat bei Ihnen in der Salatküche künftig keine Chance mehr! In den kommenden Kapiteln finden Sie über 70 Salatrezepte mit darauf abgestimmten Dressings, von klassisch bis außergewöhnlich, von deftig bis edel. Zusätzlich habe ich da und dort Rezepte für weitere Salatsaucen eingestreut, mithilfe derer Sie jede Menge eigene Salate kreieren können. Doch ehe Sie sich ans Dressing-Rühren machen, bereiten Sie alle Salatzutaten vor. Wie Sie dabei zu Werke gehen, lesen Sie auf den beiden nächsten Seiten. Eins schon vorab: Blattsalate müssen nach dem Putzen und Waschen trocken geschleudert werden, damit das Dressing gut daran haftet und nicht verwässert.

Frisch und knackig muss er aussehen, ein Blattsalat, der es in Ihren Einkaufskorb schaffen will. Ob Sie dabei zu Biosalat greifen oder konventionelle Ware nehmen – sehen seine Blätter schon müde aus, haben gar unschöne Flecken, dann lassen Sie ihn besser liegen! Wenn Sie bei der Auswahl außerdem ein wenig darauf achten, was gerade Saison hat und in der Region wächst, ist die

Vor dem Anmachen schleudern Sie den gewaschenen und in mundgerechte Stücke gezupften Salat *in der Salatschleuder* trocken.

9

Bunte Vielfalt

Kopfsalat, Eichblatt, Friséesalat & Co. – bei Blattsalaten haben Sie *ganzjährig* eine reiche Auswahl.

Chicorée, Radicchio und Trevisano bringen *Farbe* und eine aparte *bittere Note* mit ins Spiel.

Portulak und Rucola – die beiden *Würzkräuter* waren schon zu Großmutters Zeiten beliebt.

Mit Salatgurke, Tomaten und Paprikaschoten wird aus *gemischten Salaten* eine bunte Sache.

Chance am größten, qualitativ hochwertige Ware zu bekommen. Im Frühling beispielsweise bereichern die ersten zarten Freilandsalate den Markt, dazu würzige Wildkräuter wie Portulak, Löwenzahn und Brunnenkresse. Im Sommer ist die Auswahl an guten Freilandsalaten am größten: zartblättrige Sorten wie Kopfsalat, Batavia, Lollo rosso und bianco und Novita ebenso wie ihre robusteren Artgenossen Romana (auch Römersalat genannt) und Eisbergsalat. Im Herbst haben der feinbittere Endiviensalat und der verwandte Friséesalat, Feldsalat, Chicorée und Radicchio Saison. Aber auch Batavia-, Eichblatt- und andere Kopfsalate sind weiterhin in guter Qualität erhältlich. Zusätzlich werden häufig küchenfertige Salatmischungen bestehend aus jungem Schnittsalat, Feldsalat, Babyspinat, Mangold- und Rucolablättchen angeboten – nicht ganz billig, aber praktisch für die schnelle Küche und den kleinen Haushalt!

Putzen, waschen und trocknen

Zunächst muss der Salat geputzt und gewaschen werden. Lassen Sie im ganz sauberen Waschbecken oder einer großen Schüssel kaltes Wasser ein. Lösen Sie die Blätter vom Salatkopf, waschen Sie diese darin gut durch und geben Sie sie zum Abtropfen in ein Sieb. Bei einer kleineren Menge können Sie die Blätter auch unter fließendem kaltem Wasser waschen. Im stehenden Wasser länger liegen lassen sollten Sie den Salat nie, das laugt ihn nur unnötig aus! Zupfen Sie die Salatblätter dann in mundgerechte Stücke und befreien Sie sie dabei von unschönen Stellen und eventuell von den harten Blattrippen. Feldsalat putzen Sie vorher, Babyspinat und Schnittsalat-Mischungen verlesen Sie und waschen sie dann schnell ein- bis zweimal im stehenden Wasser mit den Händen durch. Bei Rucola, Löwenzahn, Brunnenkresse und Ähnlichem ziehen Sie das gesamte Bund durch das Wasser, schütteln es trocken und entfernen die harten Stiele mit einem Schnitt.

Bevor Sie ihn anmachen, muss der Salat trocken sein, denn nur dann haftet das Dressing richtig an den Blättern und die Salatsauce verwässert nicht. Wer eine Salatschleuder besitzt, schleudert den Salat darin trocken. Es geht aber auch ohne: Sie legen den Salat auf ein sauberes Küchentuch, fassen die vier Stoffecken zusammen, sodass eine Art Säckchen entsteht, und schleudern ihn darin trocken. Zur Not können Sie den gewaschenen Salat auch in einem Sieb abtropfen lassen. Das dauert je nach Menge aber 10–15 Minuten, während der Sie den Salat im Sieb einige Male wenden sollten.

Gurke, Tomate und Co.

Während der Salat abtropft, bereiten Sie die übrigen Zutaten vor. Salatgurken können Sie ganz oder streifig schälen und in Scheiben schneiden. Oder – so mag ich sie in gemischten Salaten lieber, weil sie dann weniger wässern – längs halbieren, die Kerne herauskratzen und die Hälften in Halbmonde schneiden. Tomaten werden gewaschen und in Scheiben geschnitten oder geachtelt, wobei man den harten Stielansatz herausschneiden kann, aber nicht muss. Paprikaschoten halbieren Sie längs, entfernen Stielansatz, Samen und weiße Scheidewände, waschen die Hälften und schneiden sie nach Belieben in Streifen, Rauten oder Würfel. Wie Sie die übrigen Gemüsesorten vorbereiten, lesen Sie ausführlich bei den entsprechenden Rezepten. Schon die Zubereitung der saftigen frischen Zutaten macht Spaß und Appetit.

Salatzutaten richtig lagern

Frisch geerntet schmeckt Blattsalat am besten, keine Frage! Muss er doch einmal ein paar Tage durchhalten, dann schlagen Sie den Salatkopf in angefeuchtetes Papier ein und legen ihn so ins Gemüsefach oder, falls vorhanden, in die Null-Grad-Zone Ihres Kühlschranks. Das feuchtkalte Klima dort ist ideal, um Salate drei oder vier Tage frisch zu halten. Salatgurken und Paprikaschoten dürfen mit ins Gemüsefach (halten vier bis fünf Tage), Tomaten fühlen sich bei Zimmertemperatur wohler.

Der Salat ist vorbereitet, das Dressing auch? Dann wollen wir doch mal sehen, wie wir dem Salat den letzten Schliff verpassen. Da gibt es nämlich eine ganze Reihe von Möglichkeiten, das Auge isst schließlich mit!

Es grünt so grün ...

Da wären zunächst frische Kräuter. Sie sorgen für Farbe, Aroma und wertvolle Mineralstoffe. Petersilie und Schnittlauch sind die Klassiker, sie passen zu vielen heimischen Salaten, beispielsweise mit Kartoffeln oder Salatgurke. Frisch gehackte Petersilie oder feine Schnittlauchröllchen streuen Sie einfach auf den fertigen Salat. Zu mediterranen Salaten passt oft Basilikum. Gut, wenn Sie ein Töpfchen davon auf der Fensterbank haben. Weiter geht's mit frischer Minze: Sie passt zu mediterranen, asiatischen und orientalischen Salaten. Allerdings scheiden sich an ihrem Aroma oft die Geister! Wenn Sie nicht sicher sind, dass Ihre Gäste Minze wirklich mögen, lassen Sie sie lieber erst mal beiseite und bestreuen jede Portion vor dem Servieren individuell damit. Das Gleiche gilt für Koriandergrün, das bei vielen asiatischen Salaten zum Einsatz kommt. Zitronenmelisse wäre noch zu nennen: Ihr feines Zitrusaroma passt gut zu Salaten mit Spargel oder mit Chicorée und Zitrusfrüchten.

In feuchtes Papier gewickelt und im Gemüsefach des Kühlschranks gelagert, bleiben all diese zarten Kräuter drei bis vier Tage frisch. Robustere Sorten wie Thymian, Rosmarin und Salbei eignen sich nicht so gut als rohe Salatzutat, sie sollten besser gegart oder, wie die Salbeiblätter zum toskanischen Bohnensalat auf Seite 170, knusprig frittiert werden.

Essbare Blüten

Sie möchten einen Vorspeisensalat gästefein schmücken? Die Blüten der Kapuzinerkresse wären eine gute Wahl. Sie sehen nicht nur hübsch aus, sie punkten auch mit einem zarten, blumigen Aroma. Auch Gänseblümchen und Veilchenblü-

ten sind essbar und sehen in einem bunten Blattsalat überaus dekorativ aus. Im Lebensmittelhandel finden Sie noch weitere Sorten, die extra für den Verzehr gezüchtet werden und unbehandelt sind. Das nämlich sollte die Voraussetzung sein. Wenn Sie selber Blüten sammeln, tun Sie dies an geschützten Orten, wo nicht mit Pflanzenschutz- und Düngemitteln zu rechnen ist.

Knusprige Krönung

Meine Favoriten unter den Salat-Toppings sind Nüsse und Samen. Ein, zwei Esslöffel Pinienkerne auf dem bunten mediterranen Salat, eine kleine Handvoll Kürbiskerne zum österreichischen Feldsalat oder ein paar Cashewkerne auf dem Asia-Salat – welch ein Genuss! Erdnüsse und Cashewkerne gibt es bereits geröstet (und leicht gesalzen) zu kaufen. Walnüsse und Pistazien können Sie direkt hacken und über den Salat streuen. Haselnüsse und Mandeln wiederum schmecken besser, wenn sie vorher leicht geröstet wurden. Auch Pinien-, Kürbis- und Sonnenblumenkerne sowie Sesam bekommen durchs Rösten noch mehr Aroma. Dazu geben Sie sie ohne Fett, denn Nüsse und Samen sind fettreich genug, in ein Pfännchen und rösten sie bei schwacher Hitze, bis sie ein wenig Farbe angenommen haben und zu duften anfangen. Bleiben Sie sicherheitshalber am Herd stehen und rühren Sie gelegentlich um oder wenden Sie die Nüsse und Samen durch Rütteln der Pfanne. Schnell nämlich sind sie verbrannt und nicht mehr zum Verzehr geeignet. Wenn Sie die richtige Bräunung erreicht haben, geben Sie sie auf einen Teller, damit sie in der heißen Pfanne nicht nachträglich zu dunkel werden.

Ebenfalls lecker sind knusprige Croûtons: Dazu entrinden Sie altbackene Weißbrotscheiben, schneiden sie in etwa einen halben Zentimeter große Würfel und braten diese zusammen mit einer zerdrückten Knoblauchzehe in einigen Esslöffeln Olivenöl, bis sie rundherum goldbraun sind. Wer mag, kann noch fein gehackte Thymian- und/oder Petersilienblättchen hinzufügen.

Toppings

Essbare Blüten bringen zartes Aroma ins Spiel und sind ein *echter Hingucker* auf dem Salatteller.

Kräuterwürzig: Basilikum, Schnittlauch, Koriandergrün und Co. werten Salate sowohl optisch als auch geschmacklich auf.

Nüsse und Samen, am besten leicht geröstet, verleihen Ihrem Salat nussigen *Biss.*

Knusprig gebratene *Croûtons* machen sich gut auf mediterran inspirierten Salaten.

Essig & Öl

Milder Weißweinessig und goldgrün schimmerndes kalt gepresstes Olivenöl – daraus lässt sich eine *fabelhafte Vinaigrette* zubereiten, die zu vielen Salaten passt. Mit einer zusätzlichen kleinen Auswahl an aromatisierten Essigen und Ölen erweitern Sie das Spektrum Ihrer Möglichkeiten ganz enorm. Liebevoll damit zubereitete Salatdressings bringen *individuelle Raffinesse* auf Ihren Tisch. Wie Sie die *feinen Aromaspender* selber ansetzen, lesen Sie in diesem Kapitel auf den nächsten Seiten.

Essig und Öl selber ansetzen

Himbeeressig, Zitronenöl und Co. gibt es in guter Qualität auch fertig zu kaufen, *besondere Mischungen* allerdings sind schwer erhältlich oder unverhältnismäßig teuer. *Selber ansetzen* lautet da die Devise!

Und das macht Spaß und ist gar nicht so schwer, Sie werden sehen! Die Grundregel: Verwenden Sie nur allerbeste Zutaten und arbeiten Sie so hygienisch wie möglich. Ehe Sie starten, erhitzen Sie in einem großen Topf Wasser. Darin kochen Sie die Flaschen, in denen Sie den Essig oder das Öl ansetzen möchten, einige Minuten aus. Anschließend lassen Sie die Flaschen umgedreht auf einem sauberen Küchentuch trocknen und vollständig abkühlen.

An Zutaten sind nur beste reife Früchte, makellose frische Kräuter oder frisch gekaufte Gewürze geeignet. Eine einzige Himbeere mit Schimmelbefall kann Ihnen den Ansatz verderben, welke Kräuter oder überlagerte Gewürze sind nur mäßig aromatisch. Auch das Öl oder der Essig zum Ansetzen sollte von bester Qualität sein.

Essige ansetzen

Verlesen Sie die Beeren sehr sorgfältig, waschen Sie sie vorsichtig und lassen Sie sie auf Küchenpapier abtropfen. Kräuter waschen Sie und schütteln die Zweige gründlich trocken, trockene Gewürze müssen nicht vorbereitet werden. Dann geben Sie die gewünschten Zutaten in die vorbereitete Flasche, füllen mit dem Essig auf und verschließen das Gefäß gut mit einem Korken oder

Schraubverschluss. Achten Sie darauf, dass alle Zutaten vollständig mit Essig bedeckt sind! Wenn etwa Kräuterzweige aus der Flüssigkeit ragen, so besteht die Gefahr, dass sie nach einiger Zeit zu schimmeln anfangen. Der Essig muss nun an einem kühlen und dunklen Ort durchziehen, bis die Zutaten ihr Aroma abgegeben haben. Das kann im Keller sein, auch eine kühle Speisekammer ist ein guter Ort, im Kühlschrank dagegen herrschen zu niedrige Temperaturen. In alten Büchern liest man manchmal, dass, damit der Prozess schnell vonstatten geht, der Ansatzessig der Sonne ausgesetzt werden soll. Nach meiner Erfahrung ist das keine so gute Idee, haben Sie lieber ein wenig Geduld.

Nach 3–4 Wochen ist es so weit: Der Essig hat das Aroma der Früchte oder Kräuter angenommen, diese wiederum sind nun ausgelaugt und unansehnlich. Deshalb gießen Sie den aromatisierten Essig durch ein feines Sieb in saubere neue Flaschen ab und werfen die Aromazutaten weg. Ich fülle den fertigen Essig immer in kleine Fläschchen ab, deren Inhalt ich in etwa drei Monaten aufbrauchen werde. Dann nämlich muss ich nicht ständig aufpassen, dass der Essig auch in der Küche kühl und dunkel steht. Die noch nicht angebrochenen Fläschchen warten, gut verkorkt, im Keller auf ihren Einsatz.

Welchen Essig Sie zum Ansetzen verwenden, hängt von den Zutaten ab. Für Himbeeren und zarte Kräuter wie Estragon eignet sich ein milder Weißwein- oder weißer Balsamicoessig am besten. Die etwas kräftigeren Cranberrys können Sie wahlweise in Weißwein- oder Sherryessig ansetzen. Für Holunderblüten ist Champagneressig eine exquisite Wahl, der ein besonders feines Ergebnis verspricht. Asiatische Zutaten mit Ingwer, Zitronengras und Chili schließlich entfalten in neutralem Reisessig ihr ganzes Aroma. Aber experimentieren Sie ruhig auch mit Rotweinessig: Würzige Zutaten wie Rosmarin, Lorbeer, Knoblauch und Pfeffer machen daraus einen kräftigen Essig, der gut zu mediterranen Salaten mit Schafskäse und Oliven passt oder zum Abschmecken von Bratensaucen dient.

Öle ansetzen

Neben Früchten und Kräutern eignen sich zum Ansetzen von Ölen auch ganze (ungemahlene) Gewürze, getrocknete Pilze, Chilischoten und vieles mehr. Auch hier gilt: je besser die Zutaten, desto besser das Ergebnis. Es ist also ratsam, ein gutes kalt gepresstes Öl, am besten in Bioqualität, zu verwenden. Bei mediterranen Würzmischungen ist Olivenöl die optimale Basis, bei asiatischen Zutaten ist Raps- oder Sojaöl die bessere Wahl. Hygienische Verarbeitung hat natürlich auch hier oberste Priorität. Früchte und Kräuter müssen vorher wie beim Essig verlesen, gewaschen und getrocknet werden. Bei Kräutern ist es ratsam, sie klein zu hacken, dann geben sie ihre ätherischen Öle am besten an das Öl ab. Wenn sie sich in den ersten Tagen als Pfropf im Flaschenhals sammeln, so schütteln Sie die Flasche gelegentlich, damit sich die Kräuter in der ganzen Flasche verteilen.

Manche Zutaten wie getrocknete Pilze oder Vanilleschoten dürfen nach dem Durchziehen an einem kühlen, dunklen Ort im Öl bleiben. Bei Ansatzöl mit Kräutern, Knoblauch etc. ist es besser, die Aromazusätze nach der im Rezept angegeben Zeit vom Öl zu trennen und das aromatisierte Öl in neue Flaschen abzufüllen. Auch da rate ich, besonders bei exotischen Mischungen, die man nicht alle Tage verwendet, lieber kleine Fläschchen zu nehmen und den Rest kühl und dunkel im Vorrat aufzubewahren. Die im Gebrauch befindlichen Öle halten mindestens drei Monate, noch nicht angebrochene Fläschchen kann man etwa ein Jahr lagern. Auch wenn sie danach nicht unbedingt verdorben sind, wird das Aroma doch mit der Zeit schwächer.

Zu verschenken

Selbst gemachte Geschenke stehen heutzutage wieder hoch im Kurs: Ob Kuchen, Marmeladen oder selbst gemachtes Pesto – damit legen Sie Ehre ein! Das Gleiche gilt natürlich für selber angesetzte Essige und Öle. Füllen Sie sie in hübsche kleine Fläschchen ab und beschriften Sie sie in Schönschrift. Wer das nicht so gut beherrscht, gestaltet dekorative Etiketten am PC. Schon haben Sie ein individuelles Geschenk für Feinschmecker.

Himbeeressig, wie er *fruchtiger und aromatischer* nicht sein könnte: Nach dem Durchziehen gießen Sie den Ansatz durch ein feines Sieb ab.

Himbeeressig

Möglichst frisch gepflückte, makellose und reife Beeren führen zum besten Ergebnis.

ZUBEREITUNG: 10 MINUTEN
DURCHZIEHEN: 3–4 WOCHEN
HALTBARKEIT: 1 JAHR

Zutaten

250 g frische Himbeeren
750 ml Weißweinessig

Die Himbeeren verlesen, vorsichtig waschen und auf Küchenpapier abtropfen lassen. Die Früchte in eine saubere Flasche geben und mit dem Essig aufgießen. Gut verschlossen 3–4 Wochen an einen kühlen und dunklen Ort stellen.

Den Essig durch ein feines Sieb abgießen, die Himbeeren wegwerfen. Den Himbeeressig in kleine Flaschen abfüllen.

▐ PASST GUT ZU: *Himbeeressig schmeckt fein in Blattsalaten mit Ziegenkäse, Leber oder Wild.*

▐ VARIANTE: *Für **Erdbeeressig** 250 Gramm makellose kleine Erdbeeren waschen, auf Küchenpapier abtropfen lassen und die Kelchblätter entfernen. Dann für etwa 3 Wochen in 750 Milliliter Weißwein- oder Champagneressig einlegen, abseihen und in kleine Flaschen füllen. Er passt besonders gut zu Blattsalaten mit Früchten, Nüssen und mild geräuchertem oder luftgetrocknetem Schinken.*

Estragonessig

Estragon verleiht dem Essig eine ganz besondere feinsäuerliche Kräuterwürze.

ZUBEREITUNG: 10 MINUTEN
DURCHZIEHEN: 3–4 WOCHEN
HALTBARKEIT: 1 JAHR

Zutaten

2–3 Zweige frischer Estragon
750 ml Weißweinessig
1 Zweig Estragon zur Dekoration

Die Estragonzweige waschen, trocken schütteln und in eine Flasche mit 750 Milliliter Inhalt geben. Mit dem Essig auffüllen und gut verschlossen 3–4 Wochen an einem kühlen und dunklen Ort durchziehen lassen.

Den Essig durch ein feines Sieb abgießen, die ausgelaugten Kräuter wegwerfen. Den frischen Estragonzweig waschen, trocken schütteln und in kleine Zweiglein teilen. Diese in kleine Flaschen geben und mit dem Estragonessig übergießen.

▐ PASST GUT ZU: *Estragonessig ist köstlich in Salaten mit Pilzen oder Fisch.*

▐ VARIANTE: *Für **Estragon-Schalotten-Essig** geben Sie noch vier geschälte, halbierte Schalotten mit in den Ansatz. Er passt gut zu grünem Salat.*

Granatapfelessig

Wie funkelnde Edelsteine sehen sie aus, die Kerne des Granatapfels.

ZUBEREITUNG: 15 MINUTEN
DURCHZIEHEN: 3–4 WOCHEN
HALTBARKEIT: 1 JAHR

Zutaten

1 kleiner Granatapfel
750 ml Weißweinessig
Granatapfelkerne zur Dekoration
(nach Belieben)

Aus dem Granatapfel den Blütenansatz herausschneiden und die Frucht in zwei Hälften brechen. Die Kerne herauslösen und die harten weißen Stückchen der Trennwände aussortieren. Die Granatapfelkerne zusammen mit dem Essig in eine Flasche füllen und gut verschlossen 3–4 Wochen an einem kühlen und dunklen Ort durchziehen lassen.

Den Fruchtessig durch ein feines Sieb abgießen, die Kerne wegwerfen. Den Essig in kleine Flaschen abfüllen. Wer mag, kann zur Dekoration pro Flasche jeweils einen Esslöffel frische Granatapfelkerne hinzufügen.

▌PASST GUT ZU: *Granatapfelessig schmeckt gut in Salaten mit Chicorée oder Gurke und Roastbeef, Entenbrust oder Lammfleisch.*

Cranberryessig

Ahornsirup rundet das Aroma dieses herbsäuerlichen Fruchtessigs harmonisch ab.

ZUBEREITUNG: 10 MINUTEN
DURCHZIEHEN: 3–4 WOCHEN
HALTBARKEIT: 1 JAHR

Zutaten

150 g frische Cranberrys
2 EL Ahornsirup
750 ml Weißweinessig

Die Cranberrys verlesen, waschen und auf Küchenpapier abtropfen lassen. Mit dem Ahornsirup und dem Essig in eine Flasche füllen und gut verschlossen 3–4 Wochen an einem kühlen und dunklen Ort durchziehen lassen.

Den Essig durch ein feines Sieb abgießen, die Beeren wegwerfen. Die Flüssigkeit in kleine Flaschen abfüllen.

▌VARIANTE: *Wenn Sie keine frischen Cranberrys bekommen, können Sie den Essig auch mit 100 Gramm **getrockneten Cranberrys** ansetzen (Ahornsirup ist dann nicht nötig). Statt Weißweinessig passt auch **Sherryessig**.*

▌PASST GUT ZU: *Cranberryessig ist köstlich in Salaten mit Rotkraut, Nüssen und Wild oder Ente.*

Holunderblütenessig

Im späten Frühling, wenn der Holunder blüht, ist es Zeit, diesen feinen Blütenessig anzusetzen.

ZUBEREITUNG: 10 MINUTEN
DURCHZIEHEN: 3–4 WOCHEN
HALTBARKEIT: 1 JAHR

Zutaten

3–4 frisch aufgeblühte Dolden Holunderblüten
750 ml weißer Balsamico- oder Champagneressig

Die Blütendolden kurz in stehendem kaltem Wasser waschen, trocken schütteln und auf Küchenpapier abtropfen lassen. In eine Flasche geben und mit dem Essig auffüllen (alle Blüten müssen vollständig bedeckt sein, weil sonst Schimmelbildung droht!). Gut verschlossen 3–4 Wochen an einem kühlen und dunklen Ort durchziehen lassen.

Den Essig durch ein feines Sieb abgießen, die Blüten wegwerfen. Die Flüssigkeit in kleine Flaschen abfüllen.

▌PASST GUT ZU: *Das zarte Blütenaroma harmoniert hervorragend mit Spargel, bereichert aber auch Blattsalate mit Hähnchenfleisch oder Fisch.*

Zitronengras-Ingwer-Essig

Zitrusfrische und würzige Schärfe verleihen diesem Ansatzessig einen exotischen Touch.

ZUBEREITUNG: 15 MINUTEN
DURCHZIEHEN: 3–4 WOCHEN
HALTBARKEIT: 1 JAHR

Zutaten

2 Stängel Zitronengras
1 Stück frischer Ingwer (etwa 6 cm)
750 ml Reisessig

Die Zitronengrasstängel von den äußeren harten Hüllblättern befreien. Das untere weiche Drittel in Scheiben schneiden, den Rest in Stücke schneiden und weich klopfen, damit das Zitronengras sein Aroma optimal an den Essig abgibt. Den Ingwer schälen und in Scheiben schneiden.

Alles in eine Flasche geben, mit dem Reisessig auffüllen und gut verschlossen 3–4 Wochen an einem kühlen und dunklen Ort durchziehen lassen. Dann ist der Essig gebrauchsfertig, Ingwer und Zitronengras können in der Flasche bleiben, müssen aber immer gut mit Essig bedeckt sein.

▌PASST GUT ZU: *Zitronengras-Ingwer-Essig bereichert asiatisch inspirierte Salate mit Glasnudeln, Fisch oder Garnelen.*

▌VARIANTE: *Wer es scharf liebt, gibt noch drei bis fünf kleine* **grüne Thai-Chilischoten** *mit in den Ansatz.*

Zitronenöl

Die frische Zitrusnote unterstreicht besonders das Aroma von mediterranen Salaten mit Gemüse, Fisch und Meeresfrüchten.

Steinpilzöl

Das würzige Öl schmeckt gut zu Salaten mit Wild oder Rindfleisch, zum Beispiel dem Eichblattsalat mit Rinderfilet von Seite 108.

Vanilleöl

Ein feines Würzöl, das zarten Gemüsesorten wie Karotten oder Spargel eine raffinierte Note verleiht.

Minzöl

Dieses frische Würzöl schmeckt gut in orientalisch inspirierten Salaten mit Gurke und Granatapfel oder Couscoussalat mit Lamm (siehe Seite 152).

Vanilleöl

ZUBEREITUNG: 5 MINUTEN
DURCHZIEHEN: 2 WOCHEN
HALTBARKEIT: 6 MONATE

Zutaten

1 Vanilleschote
250 ml Mandelöl

Die Vanilleschote längs aufschneiden und die Hälften quer teilen. In eine kleine Flasche geben, mit dem Mandelöl auffüllen und gut verschlossen 2 Wochen an einem kühlen, dunklen Ort durchziehen lassen. Dann ist das Öl gebrauchsfertig (die Vanilleschote kann im Öl bleiben).

Minzöl

ZUBEREITUNG: 10 MINUTEN
DURCHZIEHEN: 1 WOCHE
HALTBARKEIT: 6 MONATE

Zutaten

6 Zweige frische Minze
500 ml Rapsöl

Die Minze waschen und trocken schütteln, die Blätter abzupfen und grob hacken. In eine Flasche geben und mit dem Öl aufgießen. Gut verschlossen 1 Woche an einem kühlen und dunklen Ort durchziehen lassen, dann durch ein feines Sieb absaihen und die Minze wegwerfen. Das Öl in kleine Flaschen abfüllen.

Zitronenöl

ZUBEREITUNG: 10 MINUTEN
DURCHZIEHEN: 2 WOCHEN
HALTBARKEIT: 6 MONATE

Zutaten

1 unbehandelte Zitrone
500 ml kalt gepresstes Olivenöl

Die Zitrone heiß abwaschen und abtrocknen. Die Schale mit dem Sparschäler in Spiralen abziehen und diese in eine Flasche geben. Mit dem Öl auffüllen und und gut verschlossen 2 Wochen an einem kühlen und dunklen Ort durchziehen lassen. Das Öl durch ein feines Sieb absaihen (Zitronenschalen wegwerfen) und in kleine Flaschen abfüllen.

Steinpilzöl

ZUBEREITUNG: 10 MINUTEN
DURCHZIEHEN: 3 WOCHEN
HALTBARKEIT: 1 JAHR

Zutaten

5–6 schöne getrocknete
Steinpilzscheiben (etwa 10 g)
500 ml Raps- oder mildes Olivenöl

Die getrockneten Pilze in kleine Flaschen geben. Das Öl daraufgießen und die Flaschen verschließen. Das Öl 3 Wochen an einem kühlen und dunklen Ort durchziehen lassen, dann ist es gebrauchsfertig (die Pilze können im Öl bleiben).

Zitrus-Rosmarin-Öl

Das feine Würzöl duftet nach einem sonnigen Sommertag im Süden.

ZUBEREITUNG: 10 MINUTEN
DURCHZIEHEN: 2 WOCHEN
HALTBARKEIT: 6 MONATE

Zutaten

1 unbehandelte Zitrone
2 Zweige frischer Rosmarin
10 schwarze Pfefferkörner
750 ml kalt gepresstes Olivenöl

Die Zitrone heiß abwaschen und abtrocknen. Die Schale mit dem Sparschäler in Spiralen abschälen. Die beiden Rosmarinzweige heiß abwaschen, trocken schütteln und mit der Zitronenschale und den Pfefferkörnern in eine Flasche geben. Mit dem Öl auffüllen und gut verschlossen 2 Wochen an einem kühlen und dunklen Ort durchziehen lassen.

Das Öl durch ein feines Sieb abseihen (die Würzzutaten wegwerfen) und in kleine Flaschen füllen.

▌PASST GUT ZU: *Das Zitrus-Rosmarin-Öl schmeckt gut zu gegrillten Gemüse-Antipasti, aber auch zu Salaten mit gegrilltem Fisch oder Fleisch.*

▌VARIANTE: *Statt Rosmarin können Sie für ein **Zitrus-Thymian-Öl** auch vier oder fünf Zweige frischen Thymian verwenden. Wer mag, fügt noch zwei geschälte Knoblauchzehen hinzu.*

Kräuter-Knoblauch-Öl

Italienische Kräuter und reichlich Knoblauch sorgen für ein mediterranes Aromenfeuerwerk.

ZUBEREITUNG: 10 MINUTEN
DURCHZIEHEN: 2 WOCHEN
HALTBARKEIT: 6 MONATE

Zutaten

2 Zweige Rosmarin
3–4 Zweige Thymian
5 Knoblauchzehen
5 schwarze Pfefferkörner
750 ml kalt gepresstes Olivenöl

Die Rosmarinzweige heiß, die Thymianzweige kalt abbrausen, trocken schütteln und in eine Flasche geben. Die Knoblauchzehen schälen, halbieren und gegebenenfalls die grünen Triebe entfernen. Mit den Pfefferkörnern in die Flasche geben und mit dem Öl auffüllen. Gut verschlossen 2 Wochen an einem kühlen und dunklen Ort durchziehen lassen.

Das Öl durch ein feines Sieb abseihen (Kräuterzweige, Knoblauch und Pfeffer wegwerfen) und in kleine Flaschen abfüllen.

▌PASST GUT ZU: *Das Würzöl schmeckt gut zu Salaten mit gegrilltem Gemüse, aber auch zu Blattsalaten mit Steak- oder Putenstreifen.*

▌VARIANTE: *Wer mag, gibt noch ein **frisches Lorbeerblatt** mit in den Ansatz. Das etwas strenge Aroma ist aber nicht jedermanns Sache.*

Provenzalisches Kräuteröl

Lavendel verleiht dem französischen Klassiker ein ganz eigenes, blumiges Aroma.

ZUBEREITUNG: 10 MINUTEN
DURCHZIEHEN: 10 TAGE
HALTBARKEIT: 6 MONATE

Zutaten

1 Bund frische Kräuter der Provence
(Thymian, Oregano, Lavendel,
höchstens 1 Lorbeerblatt)
5 weiße Pfefferkörner
750 ml kalt gepresstes Olivenöl

Die Kräuter waschen und trocken schütteln, die Blätter und Blüten abzupfen und fein hacken. Mit den Pfefferkörnern in eine Flasche geben und mit dem Öl auffüllen. Gut verschlossen 10 Tage an einem kühlen und dunklen Ort durchziehen lassen, dabei gelegentlich schütteln, weil sich die Würzzutaten anfangs im Flaschenhals sammeln.

Das Öl durch ein feines Sieb abseihen (Gewürze wegwerfen) und in kleine Flaschen abfüllen.

▌ PASST GUT ZU: *Das provenzalische Kräuteröl bereichert Salate mit Artischocken, Oliven, Ziegenkäse oder auch mit Thunfisch, Hähnchen- oder Kaninchenfleisch.*

Orientalisches Gewürzöl

Ein verführerisch weihnachtlicher Duft verbreitet sich, wenn Sie dieses Öl ansetzen.

ZUBEREITUNG: 15 MINUTEN
DURCHZIEHEN: 2 WOCHEN
HALTBARKEIT: 6 MONATE

Zutaten

1 Zimtstange | 3 Gewürznelken
5 Pimentkörner | 1 Sternanis
10 schwarze Pfefferkörner
750 ml Raps- oder Sonnenblumenöl

Die Gewürze in einem Pfännchen bei schwacher Hitze ohne Fett rösten, bis sie anfangen zu duften. Vom Herd nehmen und lauwarm abkühlen lassen. Dann in eine Flasche geben, mit dem Öl auffüllen und gut verschlossen 2 Wochen an einem kühlen und dunklen Ort durchziehen lassen. Dann ist das Öl gebrauchsfertig (die Gewürze können im Öl bleiben).

▌ PASST GUT ZU: *Das orientalische Gewürzöl verleiht Salaten mit Karotten, Süßkartoffeln, Kichererbsen oder Spinat eine feinwürzige Note.*

▌ VARIANTE: *Für **Kreuzkümmel-Koriander-Öl** je einen Esslöffel Koriander- und Kreuzkümmelsamen sanft rösten, lauwarm abgekühlt mit 750 Milliliter Öl auffüllen und 10 Tage durchziehen lassen. Dann abseihen und für Salate mit Hähnchen- oder Lammfleisch verwenden.*

Zitronengras-Chili-Öl

Liebhaber asiatisch-scharfer Salate sollten dieses Öl unbedingt im Vorrat haben.

ZUBEREITUNG: 10 MINUTEN
DURCHZIEHEN: 10 TAGE
HALTBARKEIT: 6 MONATE

Zutaten

2 Stängel Zitronengras
5 kleine rote Chilischoten
750 ml Soja- oder Rapsöl

Die Zitronengrasstängel von den äußeren harten Hüllblättern befreien. Das untere weiche Drittel fein hacken. Die Chilischoten waschen, die Stielansätze entfernen und die Schoten fein schneiden. Beides in eine Flasche füllen (Hände waschen nicht vergessen, die Chilischärfe reizt Augen, Mund- und Nasenschleimhaut!) und mit dem Öl auffüllen. Gut verschlossen an einem kühlen und dunklen Ort 10 Tage durchziehen lassen.

Das Öl durch ein feines Sieb abseihen (Würzzutaten wegwerfen) und in kleine Flaschen abfüllen.

▌ PASST GUT ZU: *Das Würzöl bereichert asiatische Salate mit Glasnudeln, Hackfleisch, Hähnchen oder Garnelen.*

▌ VARIANTE: *Für ein superschnelles Chiliöl eine oder zwei kleine rote Chilischoten waschen, ohne Stielansatz etwas zerkleinern und im Mörser mit einer Prise Salz fein zerstoßen. Mit sechs Esslöffeln Soja- oder Rapsöl verrühren und 10 Minuten durchziehen lassen. Dann nach Belieben durch ein feines Sieb abseihen und weiterverwenden.*

Ingwer-Limetten-Öl

Limettenblätter und -schale geben dem Öl eine frische Note, die gut zu Thai-Salaten passt.

ZUBEREITUNG: 15 MINUTEN
DURCHZIEHEN: 10 TAGE
HALTBARKEIT: 6 MONATE

Zutaten

1 Stück frischer Ingwer (ca. 4 cm)
1 unbehandelte Limette | 10 frische
Kaffirlimettenblätter (aus dem Asienladen)
2 Knoblauchzehen
10 weiße Pfefferkörner | 1 Gewürznelke
750 ml Soja- oder Rapsöl

Den Ingwer schälen und fein hacken. Die Limette heiß abwaschen, abtrocknen und die Schale mit einem Zestenreißer in feinen Spänen abziehen. Die Limettenblätter waschen, abtrocknen und an den Rändern mehrfach einreißen, damit sie ihr Aroma besser an das Öl abgeben. Den Knoblauch schälen und fein hacken (falls ein grüner Trieb enthalten ist, unbedingt entfernen!). Alle vorbereiteten Zutaten mit den Pfefferkörnern und der Gewürznelke in eine Flasche geben und mit dem Öl aufgießen. Gut verschlossen 10 Tage an einem kühlen und dunklen Ort durchziehen lassen, dabei die Flasche gelegentlich schütteln, weil sich anfangs alle Zutaten im Flaschenhals sammeln.

Das Öl durch ein feines Sieb abseihen (Würzzutaten wegwerfen) und in kleine Flaschen abfüllen.

▌ VARIANTE: *Der weiße Pfeffer verleiht dem Öl eine sanfte Schärfe. Wer mehr davon mag, kann die Pfefferkörner durch drei oder vier kleine grüne Thai-Chilischoten ersetzen.*

▌ PASST GUT ZU: *Das Würzöl schmeckt gut zu Salaten mit Karotten, Kürbis, Mango, Papaya, Spinat, Rindfleisch oder Garnelen.*

Die Leichten

Blattsalate, Salatgurken, Paprikaschoten und Tomaten sind echte *Leichtgewichte*. Und auch die meisten Gemüsesorten punkten mit wertvollen *Vitaminen und Mineralstoffen* statt hoher Kalorienzahl. Kein Zufall also, dass Sie in diesem Kapitel überwiegend Rezepte für *vegetarische Salate* finden. Mit feinen, leichten Dressings und raffinierten Toppings werden daraus *schlanke Mahlzeiten* für figurbewusste Genießer.

Schlankes Vergnügen

»Salat will Salz vom Künstler, Essig vom Geizhals und Öl vom Verschwender«,
heißt es in einem Sprichwort. Da Kopfsalat und Co. kalorienmäßig kaum zu Buche
schlagen, sind einige Esslöffel Öl auch bei den leichten Salaten völlig in Ordnung.

Wussten Sie, dass für das momentane Sättigungsgefühl die Füllmenge im Magen ausschlaggebend ist und nicht der Nährwert der Speisen? Wer auf die schlanke Linie achten will, ist also gut beraten, vor oder zu jedem Essen einen Salat aus reichlich Grünzeug, Gurke, Tomate und Paprikaschoten zu genießen. Auch bei Spargel, Spinat, Karotten, Rotkohl, Blumenkohl, Zucchini und Pilzen können Sie bedenkenlos zugreifen. Ebenso wenig sparen müssen Sie an würzigen Beigaben wie Rucola, Löwenzahn und Portulak. Und auch mit Fruchtigem wie Orangenfilets, Birnenspalten oder Trauben lassen sich tolle leichte Salate zaubern. Getreide, Kartoffeln, Nudeln und Reis allerdings bestehen überwiegend aus Kohlenhydraten und sind damit ungleich kalorienreicher. Allerdings sättigen sie nachhaltiger, sodass der Hunger erst später wiederkommt. Entsprechende Rezepte finden Sie in den nächsten Kapiteln.

Die richtigen Toppings

Und wie steht es mit den Zutaten, mit denen wir Salate gerne anreichern? Nüsse und Samen sind in der leichten Küche nur in Maßen ratsam. Sie enthalten nämlich reichlich Fett, dafür bringt aber schon eine kleine Menge Pinienkerne, Mandelstifte oder Walnussstückchen jede Menge Aroma ins Spiel. Das Gleiche gilt für Käse, Schinken und

Speck: Schon wenige Parmesanspäne oder etwas zerkrümelter Schafskäse, ein paar Schinkenstreifen oder ausgebratene Speckwürfel machen aus einem einfachen gemischten Salat eine leckere kleine Mahlzeit. Mageres Fleisch wie Hähnchenbrustfilet oder Putenbrust und fettarm zubereiteter Fisch sind als Ergänzung ebenfalls in Ordnung. Wenn diese Zutaten eine bedeutende Rolle spielen sollen, lassen Sie sich am besten in den Kapiteln »Die Edlen« und »Die Exoten« anregen.

Leichte Dressings

Das Dressing rundet den Geschmack eines jeden Salates ab, mit verschiedenen Essig-, Öl- und Senfsorten, Kräutern und Gewürzen zubereitet schmeckt Ihr Salat täglich anders. Im vorhergehenden Kapitel haben Sie bereits gesehen, wie leicht es ist, selber Essige und Öle mit Beeren, Kräutern und Gewürzen anzusetzen. Wer aufs Selbermachen keine Lust hat, kann aromatisierte Essige und Öle natürlich auch fertig kaufen. Ein paar Sorten zu Hause zu haben, ist immer ratsam, denn das erweitert Ihre Möglichkeiten ungemein.

Essig, Salz, Senf und Öl – das sind die Basiszutaten für eine klassische Vinaigrette. Nach Belieben können noch eine kleine Prise Zucker, ein wenig frisch gemahlener schwarzer Pfeffer, fein gehackte

Schalotten und Kräuter mit von der Partie sein. Essig und Öl verwendet man dabei im Verhältnis eins zu zwei, das heißt, auf einen Esslöffel Essig kommen zwei Esslöffel Öl. Für eine leichtere Variante können Sie die Hälfte des Öls durch Gemüsefond oder Obstsaft ersetzen. Und wenn die Salatsauce besonders kalorienarm ausfallen soll, verwenden Sie anstelle von Öl ganz oder teilweise Buttermilch oder Joghurt. Geben Sie zunächst den Essig in eine Schüssel und fügen Sie das Salz und, falls verwendet, den Zucker hinzu. Rühren Sie so lange, bis sich die Salz- und Zuckerkristalle im Essig gelöst haben. Erst dann verrühren Sie den gewürzten Essig mit dem Senf und schlagen das Öl mit dem Schneebesen unter. Zum Schluss geben Sie nach Belieben gewürfelte Schalotten oder gehackte Kräuter dazu.

Von Salz und Senf

Für Dressings mit feinem Essig und wertvollem Öl verwende ich statt einfachem Haushaltssalz gerne Fleur de Sel. Bei der sogenannten »Salzblüte« handelt es sich um von Hand abgeschöpftes Meersalz, das beispielsweise in der Camargue und auf Mallorca gewonnen wird. Die enthaltenen Kalzium- und Magnesiumsulfat-Anteile verleihen ihm einen besonderen Geschmack. Auch beim Senf gibt es große Unterschiede: Ob Sie sich für mittelscharfen oder scharfen, feinen oder körnigen Senf entscheiden, bleibt Ihnen überlassen. In den Rezepten habe ich jeweils die Variante gewählt, die meiner Ansicht nach am besten mit den Salatzutaten und dem Aroma der verwendeten Essige und Öle harmoniert. Lassen Sie sich davon aber bitte nicht einschränken, sondern variieren Sie nach Herzenslust! Probieren Sie so lange, bis Sie die für Ihren Geschmack perfekte Komposition gefunden haben.

Gut angemacht

Sie wissen natürlich, dass Blattsalate durch die Säure des Essigs schnell schlapp machen und dann unansehnlich werden. Am besten schlagen Sie die Vinaigrette erst kurz vor dem Servieren in der Salatschüssel auf, geben die Salatzutaten darauf und heben diese sorgfältig unter. Wenn Sie das Dressing schon frühzeitig vorbereiten möchten, so füllen Sie alle Zutaten in ein Schraubglas, verschließen es, schütteln es kräftig durch, bis sich die Zutaten verbunden haben, und stellen das Glas beiseite. Nach einiger Zeit können Sie beobachten, dass sich Essig und Öl wieder trennen. Kein Problem, kurz vor der Verwendung schütteln Sie das Ganze noch einmal kräftig durch und machen dann Ihren Salat damit an.

Die Basisvinaigrette aus Essig, Salz, Senf und Öl können Sie für den täglichen kleinen Beilagensalat im Schraubglas übrigens prima gleich in größerer Menge für einige Tage im Voraus zubereiten und im Kühlschrank aufbewahren. Gehackte Kräuter sollte man allerdings immer frisch hinzufügen, denn sie verlieren mit der Zeit an Aroma. Und die Schalotten schmecken mit der Zeit ein wenig penetrant, auch die rühren Sie also besser frisch unter das Dressing.

Für eine perfekte Vinaigrette schlagen Sie das Öl erst zum Schluss mit dem Schneebesen unter, damit eine *cremige Emulsion* entsteht.

Spargelsalat mit Holunder-blüten-Vanille-Dressing

Der roh marinierte Spargelsalat ist ein exquisiter Frühlingsgenuss für echte Feinschmecker.

ZUBEREITUNG: 30 MINUTEN
FÜR 4 PERSONEN

Zutaten

Für den Salat

500 g ganz frischer weißer Spargel
(siehe Tipps)
4 Eier
200 g Zuckerschoten
Salz

Für das Dressing

3 EL Holunderblütenessig (siehe Seite 23)
½ TL Fleur de Sel
4 EL Vanilleöl (siehe Seite 25)

Außerdem

Kapuzinerkresse- oder Brunnenkresse-blüten zur Dekoration (nach Belieben)

Den Spargel schälen und die Enden abschneiden. Die Stangen bis knapp unter die Spitzen schräg in etwa drei Millimeter dicke Scheiben schneiden. Die Spitzen längs halbieren.

Für das Dressing den Holunderblütenessig mit dem Fleur de Sel verrühren, bis sich dieses aufgelöst hat. Das Öl unterschlagen, sodass eine cremige Emulsion entsteht. Den Spargel untermischen und zugedeckt beiseitestellen.

Die Eier in kochendem Wasser in etwa 10 Minuten hart kochen, kalt abschrecken und abkühlen lassen. Die Zuckerschoten waschen, die Enden abschneiden und die Schoten eventuell abfädeln. In einem Topf Wasser aufkochen, salzen und die Zuckerschoten darin 4–5 Minuten blanchieren. Herausnehmen und sofort in Eiswasser abschrecken, damit sie ihre kräftige Farbe behalten. In einem Sieb abtropfen lassen, schräg halbieren und unter den Spargel mischen.

Die Eier pellen, vierteln und leicht salzen. Den Spargel-Zuckerschoten-Salat mit den Eivierteln in vier Schalen anrichten und, falls verwendet, mit den Blüten garnieren. Dazu passt Baguette und ein Glas trockener Sekt oder Champagner.

▌VARIANTE: *Wer keinen Holunderblütenessig und kein selbst angesetztes Vanilleöl im Vorrat hat, muss dennoch nicht auf diesen Salat verzichten: Für ein **Vanille-Walnuss-Dressing** zwei Esslöffel weißen Balsamicoessig mit einem halben Teelöffel Fleur de Sel, einem halben Teelöffel Dijonsenf und dem ausgekratzten Mark einer Vanilleschote verrühren und vier Esslöffel Walnussöl unterschlagen.*

▌TIPPS: *Für einen roh marinierten Spargelsalat müssen die Stangen von bester Qualität und wirklich knackfrisch sein! Das erkennen Sie an den saftigen Enden und dem typischen Quietschen, wenn man die Stangen aneinanderreibt.*
Verwechseln Sie beim Einkauf bitte nicht Holunderblüten- und Holunderessig. Der erste ist ein heller, selten fertig zu kaufender Essig mit zartem Blütenaroma, letzterer wird aus Holunderbeeren hergestellt und passt mit seinem kräftigen Geschmack besser zu Salaten mit Wild- oder Rindfleisch.

Wildkräutersalat mit Himbeer-Walnuss-Dressing

Fruchtig-süße Beeren und knackige Nussstückchen verbinden sich mit dem herbbitteren Salat zu einem besonderen Geschmackserlebnis.

ZUBEREITUNG: 25 MINUTEN
FÜR 4 PERSONEN

Zutaten

Für den Salat

12 Walnusshälften
½ Kopf grüner Blattsalat
(beispielsweise Novita)
1 kleines Bund Rucola
1 großes Bund Wildkräuter (Löwenzahn,
Sauerampfer, Brunnenkresse)
125 g frische Himbeeren

Für das Dressing

3 EL Himbeeressig (siehe Seite 19
oder fertig gekauft)
½ TL Fleur de Sel
1 TL Himbeerkonfitüre
½ TL Dijonsenf
Schwarzer Pfeffer
6 EL Walnussöl

Die Walnüsse grob hacken, in einem Pfännchen bei schwacher Hitze ohne Fett rösten und abkühlen lassen. Den Blattsalat putzen, waschen und trocken schleudern. Rucola und Wildkräuter von harten Stielen befreien, waschen und ebenfalls im Sieb abtropfen lassen. Salat und Kräuter in mundgerechte Stücke zupfen und mischen. Die Himbeeren verlesen, falls notwendig vorsichtig waschen und auf Küchenpapier abtropfen lassen.

Für das Dressing den Himbeeressig mit dem Fleur de Sel verrühren, bis sich dieses aufgelöst hat. Himbeerkonfitüre und Senf dazugeben und ein wenig schwarzen Pfeffer dazumahlen. Alles gut verrühren und schließlich das Walnussöl mit dem Schneebesen unterschlagen.

Den Salat auf vier Tellern oder in Gläsern anrichten und das Dressing darüberträufeln. Die Himbeeren darauf verteilen und die Walnüsse darüberstreuen. Mit Baguette oder Walnussbrot und einem Glas trockenem Rosé servieren.

▌VARIANTE: *Für einen **Wildkräutersalat mit Ziegenkäse** den Backofen auf 200 °C vorheizen, ein Blech mit Backpapier belegen. Zwölf Walnusshälften grob hacken. 200 Gramm Ziegenweichkäse (beispielsweise eine Rolle Sainte-Maure) in zwölf Scheiben schneiden und diese mit einer Seite in die Walnüsse drücken. Mit der Walnussseite nach oben auf das Blech legen und jeden Käsetaler mit einem halben Teelöffel Honig beträufeln. Im heißen Ofen 4–5 Minuten überbacken, bis der Käse zu schmelzen beginnt. Den Wildkräutersalat wie beschrieben auf vier Tellern verteilen, mit dem Dressing beträufeln, mit den Himbeeren garnieren und je drei Käsetaler darauf anrichten.*

Löwenzahnsalat mit Parmesanchips

Die jungen Blätter der Pusteblume schmecken wunderbar frisch und feinherb.

ZUBEREITUNG: 25 MINUTEN
FÜR 4 PERSONEN

Zutaten

Für den Salat

70 g Parmesan, frisch gerieben
2 EL Mandelstifte
2 Bund Löwenzahn
150 g gelbe oder rote Kirschtomaten
(siehe Tipps)

Für das Dressing

½ gelbe Paprikaschote
3 EL weißer Balsamicoessig
Salz | Pfeffer | Zucker
4 EL mildes kalt gepresstes Olivenöl

Den Backofen auf 180 °C vorheizen, ein Blech mit Backpapier belegen. Parmesan und Mandelstifte mischen, mit etwas Abstand in zwölf Häufchen aufs Blech geben und diese zu etwa fünf Zentimeter großen Kreisen verstreichen. Im Ofen in etwa 6 Minuten zu goldbraunen Talern backen, herausnehmen und auf dem Blech vollständig abkühlen lassen.

Die Löwenzahnbunde im stehenden kalten Wasser durchschwenken, trocken schütteln und die harten Stiele abschneiden. Die Blätter in mundgerechte Stücke zupfen. Die Kirschtomaten waschen und je nach Größe halbieren oder vierteln. Löwenzahnsalat und Tomaten auf vier Schalen oder Teller verteilen.

Für das Dressing die halbe Paprikaschote putzen, waschen und in millimeterfeine Würfelchen schneiden. Den Essig mit je einer kräftigen Prise Salz und Pfeffer und einer kleinen Prise Zucker verrühren und das Öl unterschlagen, sodass eine cremige Emulsion entsteht. Die Paprikawürfelchen untermischen. Den Löwenzahnsalat mit dem Dressing beträufeln und mit den Parmesanchips garnieren.

▌TIPPS: *Gelbe Kirschtomaten unterscheiden sich im Geschmack nicht wesentlich von ihren roten Schwestern, sehen in diesem Salat aber hübsch aus.*
Wenn Sie selber Löwenzahnblätter sammeln möchten, so wählen Sie für den Salat bitte nur junge, ganz zarte Blätter. Die größeren sind bitter und zäh und kein echter Genuss. Bei kultiviertem Löwenzahn vom Markt können Sie bedenkenlos zugreifen.

Avocado-Champignon-Salat mit Zitronen-Haselnuss-Dressing

Das frische Dressing mit dem nussigen Akzent harmoniert perfekt mit dem Aroma der Avocado und der zarten rohen Pilze.

ZUBEREITUNG: 25 MINUTEN
FÜR 4 PERSONEN

Zutaten

Für den Salat

50 g Haselnusskerne
2–3 reife Avocados
(etwa 400 g, siehe Tipps)
250 g ganz frische weiße
Champignons (siehe Tipps)

Für das Dressing

4 EL Zitronensaft
Salz | Pfeffer | Zucker
1 TL mittelscharfer Senf
4 EL Haselnussöl

Die Haselnüsse in einem Pfännchen bei schwacher Hitze ohne Fett rösten, bis sie duften. Lauwarm abkühlen lassen, die Häutchen mit den Fingern abreiben und die Nüsse grob hacken.

Für das Dressing in einer Salatschüssel den Zitronensaft mit je einer kräftigen Prise Salz und Pfeffer, einer kleinen Prise Zucker und dem Senf verrühren und das Öl unterschlagen.

Die Avocados längs halbieren und den Kern entfernen. Die Hälften schälen und das Fruchtfleisch in etwa ein Zentimeter große Würfel schneiden. Sofort mit dem Dressing mischen. Die Champignons putzen, trocken abreiben und in dünne Scheiben schneiden. Unter die Avocados heben. Den Salat auf vier Kelchgläser oder Schalen verteilen und mit den Haselnüssen bestreut servieren.

▌TIPPS: *Wenn Sie den Salat schon eine Weile vor dem Servieren zubereiten müssen, so legen Sie einen Avocadokern mit in die Salatschüssel. Er verhindert, dass die Avocadostücke unansehnlich braun werden. Reife Avocados erkennen Sie daran, dass sie auf sanften(!) Druck ein wenig(!) nachgeben. Die Schale sollte makellos, ohne dunkle Flecken sein. Und da die Champignons roh mariniert werden, müssen sie unbedingt noch zart rosafarbene Lamellen besitzen, was ein Zeichen ihrer Frische ist.*

Lavendelvinaigrette

Dieses provenzalisch inspirierte Dressing verleiht Salaten mit Tomaten, Schafskäse, Artischocken und Oliven ein unvergleichliches Aroma.

Tomatendressing

Durch Chiliöl bekommt das Dressing eine feine Schärfe, die gut zu Salaten mit gebratenem Fleisch, Paprikaschoten und Mais passt.

Korianderdressing

Das kräuterfrische Dressing auf der Basis von Buttermilch passt ausgezeichnet zu Blattsalaten mit Gurke, Tomaten und Garnelen.

Vanille-Mandel-Dressing

Dieses cremige Dressing mit dem feinen Aroma schmeckt gut zu Chicorée, geraspelten Karotten oder rohem weißem Spargel.

Korianderdressing

ZUBEREITUNG: 10 MINUTEN
FÜR 4 PERSONEN

Zutaten

1 Bund Koriandergrün
1 Knoblauchzehe
150 ml Buttermilch
4 EL Zitronensaft
1 EL Rapsöl
Salz | Pfeffer | Zucker

Das Koriandergrün waschen und trocken schütteln, die Blättchen und feinen Stiele grob hacken. Den Knoblauch schälen und etwas zerkleinern. Beides mit der Buttermilch, dem Zitronensaft und Öl, je einer kräftigen Prise Salz und Pfeffer und einer kleinen Prise Zucker im Mixer (oder in einem hohen Aufschlaggefäß mit dem Pürierstab) fein zerkleinern.

Vanille-Mandel-Dressing

ZUBEREITUNG: 10 MINUTEN
FÜR 4 PERSONEN

Zutaten

1 Vanilleschote
3 EL Weißweinessig
1 EL weißes Mandelmus (Bioladen)
1 EL Mandel- oder Walnussöl
Salz | Cayennepfeffer

Die Vanilleschote längs aufschneiden und das Mark herauskratzen. Essig, Mandelmus, Öl und drei Esslöffel warmes Wasser verrühren. Vanillemark und eine kräftige Prise Salz unterrühren, mit Cayennepfeffer abschmecken.

Lavendelvinaigrette

ZUBEREITUNG: 10 MINUTEN
FÜR 4 PERSONEN

Zutaten

½ TL getrocknete Lavendelblüten
(Apotheke oder Bioladen)
3 EL Weißweinessig
⅓ TL Fleur de Sel | 1 TL Dijonsenf
Pfeffer | 3 EL kalt gepresstes Olivenöl

Die Lavendelblüten mit vier Esslöffeln warmem Wasser verrühren. Essig, Fleur de Sel, Senf und etwas frisch gemahlenen Pfeffer unterrühren und das Olivenöl unterschlagen.

Tomatendressing

ZUBEREITUNG: 15 MINUTEN
FÜR 4 PERSONEN

Zutaten

2 Strauchtomaten | Salz | 2 Schalotten
4 EL Rotweinessig | 1 TL Honig
2 EL Gemüsebrühe | 2 EL Chiliöl
(schnelle Rezeptvariante siehe Seite 31
oder fertig gekauft)

Die Tomaten überbrühen, enthäuten, von den Samen befreien, fein würfeln und salzen. Die Schalotten schälen und fein hacken. Essig, Honig, Gemüsebrühe und Chiliöl verrühren, Tomaten und Schalotten unterrühren und mit Salz abschmecken.

Steinpilzsalat mit Estragon-Kürbiskern-Dressing

Lauwarm schmeckt dieser edle Herbstsalat für zwei am besten.

ZUBEREITUNG: 25 MINUTEN
FÜR 2 PERSONEN

Zutaten

Für den Salat

1 EL Kürbiskerne
¼ Kopf Eichblattsalat
400 g frische Steinpilze
2 EL Olivenöl
1 Knoblauchzehe
Salz, Pfeffer

Für das Dressing

2 EL Estragonessig
(siehe Seite 19 oder fertig gekauft)
¼ TL Fleur de Sel
Zucker
Schwarzer Pfeffer
2 EL Traubenkernöl
2 EL Kürbiskernöl

Die Kürbiskerne in einem Pfännchen bei schwacher Hitze ohne Fett rösten, bis sie knistern. Vom Herd nehmen und abkühlen lassen. Den Salat putzen, waschen, in mundgerechte Stücke zupfen und trocken schleudern.

Die Pilze putzen, trocken abreiben und in etwa drei Millimeter dicke Längsscheiben schneiden. Das Olivenöl in einer großen Pfanne erhitzen. Die Knoblauchzehe ungeschält mit dem Messerrücken andrücken und dazugeben. Die Pilzscheiben in die Pfanne geben und bei starker Hitze von jeder Seite etwa 2 Minuten braten. Mit Salz und Pfeffer würzen. Lauwarm abkühlen lassen und die Knoblauchzehe entfernen.

Für das Dressing den Essig in einer Schüssel mit dem Fleur de Sel und einer kleinen Prise Zucker verrühren, bis sich beide gelöst haben. Etwas schwarzen Pfeffer dazumahlen und die beiden Ölsorten mit dem Schneebesen unterschlagen, bis eine cremige Emulsion entsteht.

Den Salat auf zwei Tellern anrichten und die Pilze daraufgeben. Mit dem Dressing beträufeln und die gerösteten Kürbiskerne darüberstreuen. Mit knusprigem Baguette und einem Glas fruchtigem Weißwein servieren.

Kirschtomaten-Trauben-Salat

Würziges luftgetrocknetes Rindfleisch aus der Schweiz ist die perfekte Ergänzung zu diesem fruchtigen Salat.

ZUBEREITUNG: 15 MINUTEN
FÜR 2 PERSONEN

Zutaten

Für den Salat

150 g kleine Kirschtomaten
150 g kernlose Trauben
60 g Bündner Fleisch (in feinen Scheiben)
Schwarzer Pfeffer (nach Belieben)

Für das Dressing

2 EL Himbeeressig
½ TL Fleur de Sel | ¼ TL Dijonsenf
3 EL Traubenkernöl (oder mildes kalt gepresstes Olivenöl)

Die Kirschtomaten waschen, halbieren und nach Belieben die Stielansätze herausschneiden. Die Trauben waschen, von den Rispen zupfen und ebenfalls halbieren.

Den Essig mit dem Fleur de Sel verrühren, bis es sich gelöst hat. Den Senf unterrühren und das Öl unterschlagen, bis eine cremige Emulsion entsteht. Die Tomaten und Trauben untermischen.

Das Bündner Fleisch zu Röschen drehen und mit dem Salat in zwei Schalen oder auf kleinen Tellern anrichten. Nach Belieben etwas schwarzen Pfeffer darübermahlen. Dazu passt frisches Ciabatta.

▌ VARIANTE: *Statt Bündner Fleisch können Sie auch* **Bresaola** *(die italienische Verwandte) oder auch* **Serrano- oder Parmaschinken** *nehmen.*

Radicchio-Birnen-Salat mit Roquefort

Das nussige Dressing ist der perfekte Begleiter zu diesem leicht bitteren Salat.

ZUBEREITUNG: 30 MINUTEN
FÜR 4 PERSONEN

Zutaten

Für den Salat

12 Haselnusskerne
2 kleine Köpfe Radicchio (etwa 250 g)
2 reife Birnen
100 g Roquefort

Für das Dressing

3 EL milder Weißweinessig
⅓ TL Fleur de Sel
Zucker | Pfeffer
1 TL körniger Dijonsenf
6 EL Haselnussöl

Die Haselnüsse grob hacken und in einem Pfännchen bei schwacher Hitze ohne Fett rösten, bis sie duften. Beiseitestellen und abkühlen lassen.

Für das Dressing den Essig mit Fleur de Sel, einer kleinen Prise Zucker, reichlich frisch gemahlenem Pfeffer und dem Senf verrühren und das Öl unterschlagen.

Den Radicchio putzen, waschen, in mundgerechte Stücke zupfen und trocken schleudern.

Den Salat auf vier Tellern anrichten. Die Birnen schälen, vom Kerngehäuse befreien, in dünne Spalten schneiden und darauf verteilen. Mit dem Dressing beträufeln, den Roquefort in kleine Stückchen zupfen und darauf verteilen und die Haselnüsse darüberstreuen. Dazu schmeckt Baguette oder Nussbrot und ein fruchtiger Rosé.

Rucola-Mango-Salat mit scharfem Mandelkrokant

Das exotische Fruchtaroma der Mango harmoniert optimal mit zartbitterem Rucola, der knusprige Krokant bringt überraschende Schärfe ins Spiel.

ZUBEREITUNG: 25 MINUTEN
FÜR 4 PERSONEN

Zutaten

Für den Salat

1 TL Olivenöl
50 g Mandelstifte
1 TL Zucker
Salz
1–2 Peperoncini
(kleine, getrocknete Chilischoten)
2 große Bund Rucola
2 reife Mangos

Für das Dressing

4 EL Limettensaft
⅓ TL Salz
1 EL Ahornsirup
3 EL Rapsöl
1 EL Chiliöl (schnelle Rezeptvariante
siehe Seite 31 oder fertig gekauft)

Für den Mandelkrokant ein Stück Backpapier auf die Arbeitsfläche legen. Ein Pfännchen mit dem Olivenöl ausreiben und erhitzen. Mandelstifte, Zucker und eine kräftige Prise Salz dazugeben. Die Peperoncini dazubröseln und die Mandeln bei mittlerer Hitze unter regelmäßigem Rühren goldbraun karamellisieren lassen. Auf das Backpapier geben, verteilen und abkühlen lassen.

Inzwischen für das Dressing den Limettensaft mit Salz und Ahornsirup verrühren und die beiden Ölsorten unterschlagen.

Den Rucola waschen, trocken schütteln, von den harten Stielen befreien und in einem Sieb abtropfen lassen. Die Mangos schälen, das Fruchtfleisch vom Stein und in schmale Spalten schneiden. Den Rucola auf einer Platte oder vier Tellern anrichten und die Mangospalten dekorativ darauf oder daneben verteilen. Mit dem Dressing beträufeln und den Mandelkrokant darüberbröseln.

▍VARIANTEN: *Wenn der Salat ein wenig gehaltvoller ausfallen soll, zupfen Sie zusätzlich 100 Gramm* **Parmaschinken** *in mundgerechte Stücke und verteilen diese zwischen Rucola und Mango.*
Statt Mandelkrokant schmecken auch zwei Esslöffel grob gehackte **Wasabi-Erbsen** *(siehe Seite 59) als scharfes Knuspertopping.*

Chicorée-Orangen-Salat mit gerösteten Walnüssen

Der fruchtig-frische Salat mit knackigem Biss ist ein Vitaminschub für den Winter, wenn Chicorée und Orangen Saison haben.

ZUBEREITUNG: 25 MINUTEN
FÜR 4 PERSONEN

Zutaten

Für den Salat

20 Walnusshälften
3 Chicorée (etwa 500 g)
2 Orangen

Für das Dressing

2 EL Granatapfelessig (siehe Seite 21 oder fertig gekauft)
⅓ TL Fleur de Sel
Cayennepfeffer
4 EL Walnussöl

Die Walnüsse grob hacken und in einem Pfännchen bei schwacher Hitze ohne Fett rösten, bis sie duften. Abkühlen lassen.

Den Chicorée in etwa zwei Zentimeter breite Streifen schneiden, in einem Sieb kalt abbrausen und abtropfen lassen. Die Orangen mitsamt der bitteren weißen Innenhaut schälen, sodass das Fruchtfleisch sichtbar ist. Die Orangenfilets über einer Schüssel mit einem scharfen Messer zwischen den Trennhäutchen herausschneiden, den Saft dabei auffangen.

In einer Salatschüssel zwei Esslöffel des aufgefangenen Orangensafts mit dem Essig, dem Fleur de Sel und einer Prise Cayennepfeffer verrühren, bis sich das Salz gelöst hat. Das Öl unterschlagen. Chicorée und Orangenfilets dazugeben und vorsichtig unterheben.

Den Chicorée-Orangen-Salat auf vier Schalen verteilen und die gerösteten Walnüsse darüberstreuen. Oder Sie richten den Salat dekorativ auf vier Portionstellern an und reichen das Dressing in kleinen Schälchen separat dazu.

❚ VARIANTEN: *Wer keinen Granatapfelessig zur Hand hat, kann ihn durch **Himbeeressig** ersetzen. Statt Chicorée schmeckt auch fein gehobelter **Gemüsefenchel**, statt der Orangenfilets kann man auch **Mandarinenspalten** verwenden.*

53

Rotkohlsalat mit Cranberry-Dressing

Der fruchtige Salat eignet sich übrigens auch prima für eine Party.

ZUBEREITUNG: 30 MINUTEN
DURCHZIEHEN: 1 STUNDE
FÜR 4 PERSONEN

Zutaten

Für den Salat

60 g getrocknete Cranberrys
150 ml Apfelsaft
2 Gewürznelken
1 Sternanis
1 kleine Zimtstange
½ Kopf Rotkohl (etwa 500 g)
Salz
2 EL Pekannüsse (nach Belieben)

Für das Dressing

Salz | Pfeffer
1 TL Dijonsenf
2 EL Cranberryessig (siehe Seite 21, ersatzweise Rotweinessig)
4 EL Sonnenblumen- oder Rapsöl

Die getrockneten Cranberrys mit dem Apfelsaft und den Gewürzen in einem Topf aufkochen und 5 Minuten bei schwacher Hitze zugedeckt köcheln lassen. Vom Herd nehmen und lauwarm abkühlen lassen.

Inzwischen den Rotkohl vom Strunk befreien, in feine Streifen hobeln oder schneiden und in eine Schüssel geben. Einen halben Teelöffel Salz darüberstreuen und 1–2 Minuten mit den Händen durchkneten, bis der Kohl weich wird.

Die Cranberrys durch ein Sieb abgießen, den Sud dabei auffangen. Die Gewürze entfernen. Den Sud mit je einer Prise Salz und Pfeffer, dem Senf und dem Essig verquirlen und das Öl unterschlagen. Das Dressing und die Cranberrys unter den Rotkohl mischen und den Salat zugedeckt bei Zimmertemperatur 1 Stunde durchziehen lassen.

Den Rotkohlsalat vor dem Servieren noch einmal abschmecken, in ein Sieb geben und kurz abtropfen lassen. Auf vier Teller oder Glasschalen verteilen. Die Pekannüsse, falls verwendet, grob hacken und darüberstreuen. Dazu schmeckt Vollkornbaguette mit Butter.

▌PASST GUT ZU: *Der Salat ist eine köstliche Beilage zu Wild oder Entenbrust, aber Sie können ihn auch als vegetarische Vorspeise reichen.*

Möhren-Apfel-Salat mit Sprossen

So lecker kann Gesundes schmecken!

ZUBEREITUNG: 25 MINUTEN
DURCHZIEHEN: 30 MINUTEN
FÜR 4 PERSONEN

Zutaten

Für den Salat

4 EL Sonnenblumenkerne
500 g Bundmöhren
2 große säuerliche Äpfel
(beispielsweise Braeburn)
2 EL Zitronensaft
50 g Sprossen (Alfalfa oder
Radieschensprossen)
4 große Salatblätter
(beispielsweise Batavia)

Für das Dressing

100 g griechischer Joghurt
(10 % Fettgehalt)
2 TL mittelscharfer Senf
1 TL Currypulver
Salz | Pfeffer

Die Sonnenblumenkerne in einem Pfännchen bei schwacher Hitze ohne Fett goldbraun rösten, vom Herd nehmen und abkühlen lassen.

Die Bundmöhren schälen und grob raspeln. Die Äpfel schälen, vierteln, vom Kerngehäuse befreien und ebenfalls grob raspeln. Die Raspel gleich mit dem Zitronensaft mischen, damit sie nicht braun werden.

Für das Dressing Joghurt, Senf und Currypulver verrühren und mit Salz und Pfeffer würzig abschmecken. Die Möhren- und Apfelraspel untermischen und den Salat 30 Minuten durchziehen lassen.

Die Sprossen in einem Sieb kalt abbrausen und gut abtropfen lassen. Den Salat durchmischen und noch einmal abschmecken. Die Salatblätter waschen, trocken tupfen und vier Schalen damit auslegen. Den Salat daraufgeben und mit gerösteten Sonnenblumenkernen und den Sprossen garnieren. Dazu schmeckt Vollkornbrot mit Butter und als Getränk passt Cidre oder Apfelsaft.

▌VARIANTEN: *Wenn Sie keinen griechischen (oder türkischen) Joghurt bekommen, mischen Sie einfach je zwei Esslöffel **Naturjoghurt** (3,5 % Fettgehalt) und **Crème fraîche** oder **Schmant**.
Statt der Apfelraspel schmeckt auch **Ananas** (etwa 200 Gramm, frisch oder aus der Dose), anstelle der gerösteten Sonnenblumenkerne können Sie auch grob gehackte **Walnusskerne** über den Salat streuen.*

Tomaten-Mango-Salat mit Wasabi-Erbsen

Asiatische Schärfe trifft milden Mozzarella, saftige Tomate und fruchtige Mango – eine gelungene Aromenfusion.

ZUBEREITUNG: 15 MINUTEN
FÜR 2 PERSONEN

Zutaten

Für den Salat

2 große Strauchtomaten
Salz
1 reife Mango
1 Kugel Mozzarella (125 g)
3 Stängel frische Minze
2 EL Wasabi-Erbsen

Für das Dressing

3 EL Sweet-Chili-Sauce für Hähnchen
(Fertigprodukt aus dem Asienladen,
siehe Tipp)
2 EL Limettensaft

Die Tomaten waschen, längs halbieren und in Scheiben schneiden, die Stielansätze dabei entfernen. Leicht salzen. Die Mango schälen, das Fruchtfleisch vom Stein und in mundgerechte Spalten schneiden. Den Mozzarella abtropfen lassen, halbieren und in Scheiben schneiden.

Die Minzestängel waschen, trocken schütteln und die Blätter abzupfen.

Tomaten, Mango, Mozzarella und Minzeblätter dekorativ auf zwei Tellern oder in zwei Schalen anrichten. Die Sweet-Chili-Sauce mit dem Limettensaft verrühren und darüberträufeln. Die Wasabi-Erbsen grob hacken und darüberstreuen.

▌ TIPP: *Wer den Fertigsaucen aus dem Asienladen in puncto Konservierungsstoffe und Geschmacksverstärker nicht traut, kann die* **Sweet-Chili-Sauce** *auch ganz leicht selber machen: Eine große rote Chilischote waschen, längs aufschneiden, nach Belieben von den Samen befreien und klein schneiden (danach Hände waschen nicht vergessen!). Mit einem Teelöffel Salz im Mörser fein zerstoßen. Mit 100 Milliliter Reisessig, 100 Milliliter Wasser und vier Esslöffeln Zucker in einem Topf verrühren und bei schwacher Hitze 15 Minuten einkochen lassen. Vom Herd nehmen und abkühlen lassen. Die Sauce in eine saubere Flasche füllen und im Kühlschrank aufbewahren.*

▌ SCHON GEWUSST? *Wasabi-Erbsen sind eine mit einer meerrettichscharfen Kruste umhüllte würzige Knabberei, die auch gut zum Bier passt. Man bekommt sie im Asienladen oder im gut sortierten Supermarkt.*

Spinatsalat mit Rosinen und Pinienkernen

Bei diesem Salat zeigt sich das maurische Erbe in der spanischen Küche.

ZUBEREITUNG: 45 MINUTEN
FÜR 4 PERSONEN

Zutaten

Für den Salat

4 EL Rosinen
4 EL Sherry medium
50 g Pinienkerne
1 kg Babyspinat
Salz
2 Knoblauchzehen

Für das Dressing

2 EL Sherryessig
Salz | Pfeffer
4 EL kalt gepresstes Olivenöl

Die Rosinen in einem Schälchen mit dem Sherry beträufeln und beiseitestellen, bis die übrigen Zutaten fertig sind. Die Pinienkerne in einem Pfännchen bei schwacher Hitze ohne Fett goldbraun rösten. Beiseitestellen und abkühlen lassen.

Den Spinat gründlich waschen, verlesen und – eventuell in zwei Portionen – tropfnass mit einer kräftigen Prise Salz in einen großen Topf geben. Die Knoblauchzehen schälen, längs halbieren und dazugeben. Den Topf auf den Herd stellen und den Spinat zugedeckt bei starker Hitze in 6–8 Minuten zusammenfallen lassen, dabei gelegentlich umrühren. Das Gemüse in ein Sieb abgießen und vollständig abkühlen lassen (siehe Schon gewusst?). Den Knoblauch entfernen.

Die Rosinen gut ausdrücken. Den verbliebenen Sherry mit dem Essig, je einer kräftigen Prise Salz und Pfeffer und dem Olivenöl verrühren. Den kalten Spinat mit den Rosinen und zwei Dritteln der gerösteten Pinienkerne unter das Dressing mischen, mit Salz und Pfeffer abschmecken. Den Salat auf vier Teller oder Schalen verteilen und mit den übrigen Pinienkernen bestreut servieren.

▍SCHON GEWUSST? *Warmer Spinat reagiert mit jeglicher Art von Säure wie Essig oder Zitrussaft und wird im Nu unansehnlich braun. Deshalb sollte der Spinat vor dem Anmachen unbedingt vollständig abkühlen.*

Scharfer Kürbissalat mit Limettendressing

Sesamöl aus gerösteten Samen verleiht dem Dressing eine ganz besondere Note.

ZUBEREITUNG: 20 MINUTEN
DURCHZIEHEN: 1 STUNDE
FÜR 2 PERSONEN

Zutaten

Für den Salat

1 kleiner Butternusskürbis (etwa 700 g)
3 Frühlingszwiebeln
2 Stängel Zitronengras
1–2 große rote Chilischoten
1 Bund Koriandergrün

Für das Dressing

4 EL Limettensaft
½ TL Salz
1 TL Zucker
je 1 EL geröstetes Sesamöl und Soja-
oder Sonnenblumenöl

Den Kürbis halbieren und die Fasern und Kerne herauskratzen. Die Hälften schälen und das Fruchtfleisch mit dem Sparschäler in feine Streifen hobeln. Die Frühlingszwiebeln putzen, waschen und schräg in feine Scheiben schneiden.

Das Zitronengras von äußeren harten Blättern befreien, das weiche untere Drittel in sehr feine Scheiben schneiden. Die Chilischoten waschen, den Stielansatz entfernen und die Schoten in feine Ringe schneiden (siehe Schon gewusst?). Das Koriandergrün waschen und trocken schütteln, die Blättchen abzupfen.

Aus Limettensaft, Salz, Zucker und den beiden Ölsorten ein Dressing rühren. Alle vorbereiteten Zutaten unterheben. Den Kürbissalat zugedeckt etwa 1 Stunde bei Zimmertemperatur durchziehen lassen.

▌ TIPP: *Butternusskürbis ist hier die richtige Wahl, denn sein Fruchtfleisch ist ganz zart und auch roh mariniert ein Genuss. Wenn Sie einen Muskat- oder Hokkaidokürbis verwenden möchten, so sollten Sie die Kürbis-streifen vorher 2–3 Minuten in kochendem Salzwasser blanchieren.*

▌ SCHON GEWUSST? *Das **Capsaicin**, das für die Schärfe der Chilischoten verantwortlich ist, sitzt vor allem in den Samen und weißen Häutchen im Inneren. Wer dezente Schärfe bevorzugt, legt die Chiliringe deshalb kurz in kaltes Wasser, dadurch lösen sich die Samen. Eine andere Möglichkeit: Sie spalten die Schoten der Länge nach, kratzen Samen und weiße Häutchen heraus und schneiden die Schotenhälften in feine Streifen. Übrigens: Große Chilischoten sind in der Regel vergleichsweise harmlos, wirkliche Höllenschärfe kommt mit den winzig kleinen Thai-Chilischoten ins Spiel!*

Safran-Blumenkohl-Salat mit Mohnöl

Safran und Mohn sind eine raffinierte Kombination, die Blumenkohl in einem ganz neuen Licht erstrahlen lassen.

ZUBEREITUNG: 30 MINUTEN
DURCHZIEHEN: MIND. 2 STUNDEN
FÜR 4 PERSONEN

Zutaten

Für den Salat

1 großer Kopf Blumenkohl (etwa 1 kg)
Salz | 1 Döschen gemahlener Safran
2 EL Mohnsamen zur Dekoration

Für die Marinade

4 EL weißer Balsamicoessig
4 EL Mohnöl
Salz | Pfeffer | Zucker

Den Blumenkohl in Röschen teilen (Strunk und Blätter anderweitig verwenden), waschen und in einem Sieb abtropfen lassen. In einem großen Topf vier Liter Wasser aufkochen, zwei Esslöffel Salz hinzufügen und den Blumenkohl darin 5 Minuten kochen. Den Safran dazugeben und den Blumenkohl in weiteren 3–5 Minuten bissfest kochen. Die Röschen mit einer Schaumkelle herausheben, einen Liter Blumenkohl-Kochwasser abmessen.

Den Essig in einer großen flachen Schüssel mit dem Mohnöl und je einer kräftigen Prise Salz, Pfeffer und Zucker verrühren und das warme Blumenkohlwasser dazugießen und untermischen. Die Blumenkohlröschen kopfüber einlegen und zugedeckt mindestens 2 Stunden, besser über Nacht durchziehen lassen.

Zum Servieren die Mohnsamen mahlen und in einem Pfännchen bei schwacher Hitze ohne Fett 2–3 Minuten rösten. Den Blumenkohl aus der Marinade heben, abtropfen lassen, auf vier Schalen verteilen und mit dem Mohn bestreuen.

▌ VARIANTE: *Es geht auch ohne teuren Safran und Mohnöl: Für* **Blumenkohlsalat mit Haselnussdressing** *garen Sie den Blumenkohl einfach wie oben beschrieben in Salzwasser, mischen für die Marinade den weißen Balsamicoessig mit Salz, Pfeffer, Zucker, vier Esslöffeln Haselnussöl und einem Liter Blumenkohl-Kochwasser und lassen die Blumenkohlröschen darin durchziehen. Zum Darüberstreuen bieten sich geröstete Haselnussblättchen an.*

Gegrillter Zucchinisalat mit Kräuterdressing

Italienisch, spanisch, griechisch? In Varianten findet sich dieser leckere Vorspeisensalat in vielen Ländern rund ums Mittelmeer.

ZUBEREITUNG: 30 MINUTEN
FÜR 2 PERSONEN

Zutaten

Für den Salat

2 mittelgroße Zucchini (etwa 400 g)
3 EL Olivenöl
1 Knoblauchzehe
etwa 1 TL getrockneter Thymian

Für das Dressing

3 Stängel Petersilie
2 EL Zitronensaft
Salz | Pfeffer
3 EL Zitrus-Rosmarin-Öl (siehe Seite 27; ersatzweise ½ TL abgeriebene Zitronenschale und kalt gepresstes Olivenöl)
1 Knoblauchzehe (nach Belieben)

Die Zucchini waschen und in drei Millimeter dünne Längsscheiben schneiden oder hobeln. Zwei Esslöffel Olivenöl in ein Schälchen geben. Den Knoblauch schälen und dazupressen.

Eine Grillpfanne erhitzen und die Stege mit dem übrigen Olivenöl einpinseln. Portionsweise Zucchinischeiben nebeneinander einlegen, mit Knoblauchöl einpinseln und mit etwas getrocknetem Thymian bestreuen. Von jeder Seite 3 Minuten bei mittlerer Hitze braten. Salzen, herausnehmen und auf einer Platte anrichten.

Für das Dressing die Petersilie waschen und trocken schütteln, die Blätter fein schneiden. Den Zitronensaft mit je einer kräftigen Prise Salz und Pfeffer verrühren und das Öl unterschlagen. Den Knoblauch, falls verwendet, schälen, fein hacken und untermischen. Das Dressing über die gegrillten Zucchini träufeln und den Salat mit frischem Ciabatta und einem leichten Rotwein servieren.

▌ TIPP: *Wenn Sie die gegrillten Zucchini für mehr als zwei Personen zubereiten möchten, können Sie das auch im Backofen tun: Ein Blech mit Backpapier belegen und dieses mit ein wenig Knoblauchöl einpinseln. Die Zucchinischeiben darauf verteilen, die Oberseite mit Knoblauchöl einpinseln und mit Thymian bestreuen. Von jeder Seite 4–5 Minuten im Backofen bei 220 °C + Backofengrill garen und zum Schluss salzen.*

▌ VARIANTE: *Mit dieser **Schafskäsemischung** wird der Salat ein wenig gehaltvoller: 60 Gramm Feta mit einer Gabel zerdrücken. Drei getrocknete Tomaten (in Öl eingelegt) abtropfen lassen und sehr fein hacken. Mit einem halben Teelöffel getrocknetem Oregano unter den Schafskäse mengen und über den Zucchini verteilen. Dazu schmeckt Fladenbrot.*

Spanischer Gemüsesalat mit Sherrydressing

Noch lauwarm schmeckt sie am besten, die *escalivada,* **wie sie in Spanien genannt wird.**

ZUBEREITUNG: 40 MINUTEN
BACKEN: 1 STUNDE
FÜR 6 PERSONEN

Zutaten

Für den Salat

3 Auberginen (etwa 1 kg)
1 kg reife Strauchtomaten
4 große rote Paprikaschoten
2 große Gemüsezwiebeln
etwa 2 EL Olivenöl
Meersalz | 2–3 Knoblauchzehen
½ Bund Petersilie

Für das Dressing

4 EL Sherryessig | Salz | Zucker
6 EL kalt gepresstes Olivenöl

Den Backofen auf 180 °C vorheizen. Die Auberginen, Tomaten und Paprikaschoten waschen und abtrocknen, weder Schalen noch Stielansätze entfernen. Sämtliches Gemüse mit Olivenöl einreiben, mit etwas Meersalz bestreuen und einzeln in Alufolie wickeln. Die Gemüsepäckchen auf ein Backblech legen und im Ofen etwa 1 Stunde backen. Das Blech herausnehmen und das Gemüse 20 Minuten in der Folie abkühlen lassen.

Das Gemüse auspacken, den Saft, der sich in der Folie gebildet hat, in eine Schüssel geben. Die Auberginen enthäuten und in Stücke schneiden. Die Paprikaschoten enthäuten, die Stielansätze herausziehen, die Schoten längs vierteln und die Samen und Scheidewände entfernen. Die Tomaten enthäuten und vierteln, die Stielansätze dabei entfernen. Die Zwiebeln pellen und in dicke Scheiben schneiden.

Das Gemüse dekorativ auf einer Platte anrichten, leicht salzen. Den Knoblauch schälen und fein hacken. Die Petersilie waschen, trocken schütteln und die Blätter fein schneiden. Beides über das Gemüse streuen.

Den Gemüsesaft aus den Päckchen mit dem Sherryessig und je einer kräftigen Prise Salz und Zucker verrühren. Das Öl unterschlagen und das Dressing über das Gemüse träufeln. Mit knusprigem Weißbrot und einem leichten Rotwein servieren.

Feldsalat mit Pilzen und Speck

Steinpilzöl verleiht diesem feinen Herbstsalat den entscheidenden Aromakick.

ZUBEREITUNG: 30 MINUTEN
FÜR 4 PERSONEN

Zutaten

Für den Salat

250 g Feldsalat | 250 g frische Pfifferlinge
60 g Bacon (in Scheiben) | 4 TL neutrales
Pflanzenöl | Salz | Pfeffer

Für das Dressing

2 EL Estragonessig (siehe Seite 19 oder
fertig gekauft) | Salz | Pfeffer | Zucker
4 EL Steinpilzöl (siehe Seite 25 oder kalt
gepresstes Olivenöl)

Den Feldsalat putzen, gründlich waschen und trocken schleudern. Die Pfifferlinge putzen, trocken abreiben und je nach Größe halbieren oder ganz lassen. Den Speck in feine Streifen schneiden.

Einen Teelöffel Öl in einer Pfanne erhitzen und die Baconstreifen darin bei mittlerer Hitze goldbraun braten. Herausnehmen und auf Küchenpapier abtropfen lassen. Das übrige Öl zum Bratensatz geben und die Pilze darin 4–5 Minuten bei starker Hitze braten. Mit Salz und Pfeffer würzen, beiseitestellen und lauwarm abkühlen lassen.

Für das Dressing den Essig mit je einer kräftigen Prise Salz und Pfeffer und einer kleinen Prise Zucker verrühren und das Öl unterschlagen. Den Feldsalat mit dem Dressing mischen und auf vier Teller geben. Speckstreifen und Pilze darauf verteilen und den Salat mit knusprigem Baguette sofort servieren. Dazu schmeckt ein fruchtiger Weißwein.

Bunter Salat mit Kürbiskernen

Der Salat passt gut als Beilage zu winterlichen Gerichten mit Rindfleisch oder Wild.

ZUBEREITUNG: 25 MINUTEN
FÜR 4 PERSONEN

Zutaten

Für den Salat

2 EL Kürbiskerne | ½ Eisbergsalat
1 kleines Köpfchen Radicchio
½ Salatgurke | 1 gelbe Paprikaschote
1 Handvoll Kirschtomaten

Für das Dressing

3 EL Weißweinessig | ½ TL Fleur de Sel
Pfeffer | 1 TL Dijonsenf | ½ TL Honig
je 2 EL Traubenkern- und Kürbiskernöl

Die Kürbiskerne in einem Pfännchen ohne Fett rösten, bis sie knistern. Vom Herd nehmen und abkühlen lassen.

Den Eisbergsalat und Radicchio putzen, waschen, in mundgerechte Stücke zupfen und zusammen trocken schleudern. Die Salatgurke schälen, längs halbieren und die Kerne herauskratzen. Die Hälften in dünne Halbmonde schneiden. Die Paprikaschote von Samen und Scheidewänden befreien, waschen und in feine Streifen schneiden. Die Kirschtomaten waschen und je nach Größe halbieren oder vierteln.

Für das Dressing den Essig in einer Salatschüssel mit dem Fleur de Sel verrühren, bis sich dieses gelöst hat. Pfeffer, Senf und Honig unterrühren und die beiden Ölsorten unterschlagen. Alle vorbereiteten Zutaten dazugeben und den Salat gut durchmischen. Mit den Kürbiskernen bestreut servieren.

Salade niçoise

Dieser gehaltvolle Salat aus Südfrankreich ersetzt locker eine komplette Mahlzeit. Bon appetit!

ZUBEREITUNG: 30 MINUTEN
FÜR 4 PERSONEN

Zutaten

Für den Salat

4 Eier
1 Kopfsalat
4 Artischockenherzen (aus dem Glas)
2 Dosen Thunfisch in Öl (à 185 g)
8 Sardellenfilets in Öl
2 grüne Peperoni
1 weiße Zwiebel
4–5 Stängel Basilikum
1 Knoblauchzehe

Für das Dressing

3 EL Weißweinessig
⅓ TL Fleur de Sel
Pfeffer
6 EL provenzalisches Kräuteröl (siehe Seite 28) oder kalt gepresstes Olivenöl

Die Eier in kochendem Wasser in 10 Minuten hart kochen, kalt abschrecken und abkühlen lassen. Inzwischen den Salat putzen, waschen, die Blätter in mundgerechte Stücke zupfen und trocken schleudern.

Die Artischockenherzen abtropfen lassen und vierteln. Den Thunfisch in ein Sieb geben, abtropfen lassen und mit einer Gabel zerpflücken. Die Sardellenfilets abtropfen lassen und klein schneiden.

Die Peperoni waschen, vom Stielansatz befreien und in Scheiben schneiden (wer die Samen nicht mag, legt die Scheiben kurz in kaltes Wasser). Die Zwiebel schälen und in Ringe schneiden. Die Basilikumblätter abzupfen. Die Eier pellen und sechsteln.

Die Knoblauchzehe halbieren und eine große Salatschüssel damit ausreiben. Für das Dressing den Essig mit dem Fleur de Sel in der Schüssel verrühren, bis dieses sich gelöst hat. Pfeffer aus der Mühle hinzufügen und das Öl unterschlagen. Alle vorbereiteten Zutaten untermischen. Dazu schmeckt Baguette oder Ciabatta und ein trockener Weißwein.

▌ VARIANTEN: *Wer mag, kann noch eine Handvoll kleine* **grüne Oliven** *und/oder eine kleine Dose* **weiße Bohnen** *hinzufügen (240 Gramm Abtropfgewicht; in einem Sieb kalt abbrausen, abtropfen lassen und untermischen). Dadurch wird der Salat noch etwas sättigender.*

Caesar's Salad

»Leichter Salat« ist ein wenig geschummelt bei diesem amerikanischen Klassiker, Croûtons und Dressing haben es in sich, sind aber superlecker!

ZUBEREITUNG: 30 MINUTEN
FÜR 4 PERSONEN

Zutaten

Für den Salat

2 Scheiben altbackenes Toastbrot
1 Knoblauchzehe
4 EL Olivenöl
1 Kopf Romanasalat
2 Tomaten
4 Sardellenfilets in Öl
1 Stück Parmesan (etwa 30 g)

Für das Dressing

2 sehr frische Eigelb
2 EL Zitronensaft
12 EL Olivenöl
2–3 Spritzer Worcestersauce
Salz | Pfeffer

Das Toastbrot entrinden und in kleine Würfel schneiden. Die Knoblauchzehe schälen und mit dem Messerrücken andrücken. Das Öl in einer großen Pfanne erwärmen, Brotwürfel und Knoblauch dazugeben und in 5–6 Minuten unter regelmäßigem Rütteln der Pfanne goldbraun rösten. Die Croûtons beiseitestellen.

Den Salat putzen, waschen, in mundgerechte Stücke zupfen und trocken schleudern. Die Tomaten waschen, achteln und dabei die Stielansätze entfernen. Die Sardellenfilets abtropfen lassen und klein schneiden.

Für das Dressing die Eigelbe mit dem Zitronensaft im Mixer (oder in einem hohen Aufschlaggefäß mit dem Pürierstab) in 3–4 Minuten schaumig aufschlagen. Anschließend das Öl erst tröpfchenweise, dann in einem dünnen Strahl dazugießen und untermixen, bis eine cremige Emulsion entsteht. Mit Worcestersauce, Salz und Pfeffer würzig abschmecken.

Den Romanasalat mit Tomatenachteln, Sardellen und dem Dressing vorsichtig mischen und auf vier Schüsseln verteilen. Die Croûtons darüberstreuen und den Parmesan mit dem Sparschäler darüberhobeln.

▌VARIANTE: *Croûtons, Tomaten und Sardellen sind Ihnen zu wenig? Sie können den Salat nach Lust und Laune mit gebratenem* **Hähnchenfleisch**, **Avocadostückchen**, *ausgebratenen* **Speckwürfeln** *und/oder* **Garnelen** *anreichern.*

▌SCHON GEWUSST? *Die Erfindung von Caesar's Salad wird* **Cesare Cardini**, *einem Amerikaner mit italienischen Wurzeln, zugeschrieben, der zunächst ein Restaurant in Tijuana/Mexiko betrieb. Der Legende nach ist das Rezept aus der Not geboren: Am amerikanischen Nationalfeiertag des Jahres 1924 erlebte sein Lokal einen derartigen Ansturm, dass er sich gezwungen sah, aus dem reichlich vorhandenen Blattsalat, Toastbrot und Eiern auf die Schnelle etwas Neues zu zaubern. Caesar's Salad war ein voller Erfolg – und wurde im später erbauten Hotel Caesar's Palace ein beliebter Klassiker.*

Die Edlen

Bei den Rezepten in diesem Kapitel dürfen Sie sich auf *außergewöhnliche Gaumenfreuden* freuen! Mit edlen Zutaten wie Artischocken und Spargel, Rotbarbenfilets, Flusskrebsen und Jakobsmuscheln, Rinderfilet, Entenbrust und Rehrücken werden aus einem einfachen Salat *delikate kleine Gerichte* für verwöhnte Genießer. Auch zum Thema Dressing finden Sie hier raffinierte Kreationen, nach denen sich Ihre Gäste die Lippen lecken werden.

Für Feinschmecker

Durch feine Zutaten wird aus einem Salat eine *exquisite Vorspeise.* Ist diese zudem *dekorativ angerichtet* wie vom Küchenprofi, entlockt sie Ihren Gästen ganz sicher bewundernde Ahs und Ohs.

Jakobsmuscheln, Oktopus und Rotbarbenfilets oder Rinderfilet, Entenbrust und Rehrückenfilet kommen bei Ihnen sicher nicht jeden Tag auf den Tisch. Umso wichtiger ist es, dass Sie die Tipps und Hinweise zu Einkauf und Verarbeitung bei den entsprechenden Rezepten genau beachten. Es wäre doch schade, wenn gerade diese Salate mit den nicht ganz preiswerten Zutaten misslängen! Salat, Dressing, Knuspertopping – bereiten Sie alles, was im Vorfeld erledigt werden kann, rechtzeitig vor, sodass Sie nur noch die warme Komponente in letzter Minute zubereiten müssen. Sie werden sehen, das ist keine Hexerei.

Cremige Dressings

Wie man eine Vinaigrette gekonnt aufschlägt, haben Sie bereits auf Seite 35 erfahren. Zu manchen Salaten passen aber cremigere Dressings auf der Basis von Mayonnaise und Crème fraîche besser. Damit daraus keine Kalorienbombe wird, können Sie sie mit Joghurt verlängern. Außerdem reicht oft eine kleine Menge der gehaltvollen Zutat, um der Salatsauce die gewünschte samtige Konsistenz zu verleihen.

Haben Sie schon mal Mayonnaise selbst gemacht? Klar, es gibt gute Produkte im Handel, aber eine frisch aufgeschlagene Mayonnaise ist ein Klasse für sich! Sie brauchen dafür zwei Eigelbe von sehr frischen, am besten tagesfrischen Eiern. Diese geben Sie mit einem Teelöffel Dijonsenf, einem Esslöffel Zitronensaft und ¼ Teelöffel Salz in ein hohes Aufschlaggefäß und schlagen alles mit dem Handmixer in etwa 2 Minuten cremig auf. Während Sie immer weiterschlagen, fügen Sie erst tröpfchenweise, später in dünnem Strahl 200 Milliliter Sonnenblumenöl hinzu, bis eine cremeweiße Mayonnaise entsteht. Zum Schluss schmecken Sie mit weißem Pfeffer und eventuell noch ein wenig Salz ab.

Dieses Grundrezept können Sie weiter verfeinern: Für eine Kapern-Kräuter-Mayonnaise, rühren Sie zwei Esslöffel gehackte Kapern und vier Esslöffel gehackte Kräuter (Estragon, Dill, Schnittlauch, Kerbel) hinzu – passt gut zu Salaten mit Artischocken, Kalbfleisch und Fisch. Für eine Apfel-Meerrettich-Mayonnaise schälen Sie einen säuerlichen Apfel, raspeln das Fruchtfleisch rund um das Kerngehäuse grob ab und mischen sofort einen Esslöffel Zitronensaft unter. Mit ein bis zwei Esslöffeln Meerrettich (frisch gerieben oder aus dem Glas) unter die Mayo rühren – schmeckt köstlich zu Salaten mit Räucherfisch oder Roastbeef. Zu beachten gilt: Mayonnaise aus frischen Eiern ist empfindlich. Soll Ihr Salat, zum Beispiel auf einem Festbüfett, voraussichtlich länger in der Wärme stehen, so kaufen Sie besser ein alternatives Produkt guter Qualität und verwenden es stattdessen.

Es ist angerichtet

Alle Salate in diesem und viele aus den übrigen Kapiteln sind für das Bewirten von Gästen geeignet und machen sich gut als erster Gang Ihres Menüs. Entsprechend wichtig ist die optische Darbietung. Damit der Salat frisch und appetitlich aussieht, sollten Sie ihn immer so spät wie möglich anrichten. Vieles können Sie aber vorbereiten: Der Salat kann gewaschen und trocken geschleudert werden. Zutaten wie Tomaten, Gurke, Paprika können Sie putzen und waschen, sodass sie in letzter Minute nur noch klein geschnitten werden müssen. Außerdem können Sie das Dressing zubereiten (mayonnaisehaltige Dressings bis zum Einsatz in den Kühlschrank stellen!) und bei Bedarf Nüsse, Samen oder Croûtons fürs Topping rösten. Fleisch, Fisch und Meeresfrüchte bereiten Sie pfannenfertig vor, damit sie nur noch gewürzt und gebraten werden müssen. Auch hier gilt: Empfindliche Zutaten wie Fisch und Meeresfrüchte gehören in den Kühlschrank, Fleisch kann bei Raumtemperatur warten, es sollte ohnehin nicht kühlschrankkalt in die Pfanne.

Einen Salat mit warmer Komponente richten Sie am besten auf Tellern an. Den (gut abgetropften!) Salat können Sie vorab daraufgeben, Dressing, warme Zutat und Topping arrangieren Sie kurz vor dem Servieren darauf. Besitzen Sie Servierringe? Prima! Den Belugalinsen-Salat von Seite 96 und den Couscoussalat von Seite 152 bringen Sie damit perfekt in Form. Unbedingt notwendig sind sie aber nicht, mit einem Esslöffel – und ein wenig Gespür für gute Optik – bekommen Sie das auch ohne hin!

Mediterranes in Terrakottaschalen und Asia-Salate auf eckigem Porzellangeschirr ist Ihnen zu Mainstream, es soll mal was Besonderes sein? Einen italienischen Salat könnten Sie zum Beispiel im Parmesankörbchen servieren (siehe Seite 90). Asiatische Salate machen sich gut in Bananenblattschälchen, die Sie in gut sortierten Asienläden fertig kaufen oder selber basteln können: Dazu ein Stück Bananenblatt (aus dem Asienladen) über der Herdplatte oder Gasflamme leicht anwärmen, damit es biegsam wird und nicht bricht. Daraus Kreise von 15 Zentimeter Durchmesser ausschneiden und jeweils zwei aufeinanderlegen. Die Ränder an vier gegenüberliegenden Seiten falten, jeweils einen guten Zentimeter übereinanderschieben und mit einem Tacker fixieren: voilà, fertig ist ein hübsches Schälchen. Wenn Sie auf einem Fest viele Gäste bewirten, so ist der aktuelle Trend aus Frankreich für Sie perfekt: Die Salate (und auch Suppen und Desserts) werden in *verrines*, kleinen Portionsgläsern, angeboten. Die Gläschen bekommen Sie für wenig Geld in Haushaltswaren- und Einrichtungsgeschäften. Sie können die Hauptzutaten frühzeitig einfüllen, Dressing und Garnitur ergänzen Sie kurz vor dem Servieren. Praktisch, dekorativ und nahezu unendlich wandelbar – eine tolle Sache, die sich völlig zu Recht auch bei uns in Windeseile durchgesetzt hat.

Verrines nennt man in kleinen Gläsern servierte Salate – ein *Trend aus Frankreich,* der sich mittlerweile auch bei uns etabliert hat.

Artischockensalat mit Sardellendressing

Artischocken schmecken nicht nur ausgesprochen delikat, die in ihnen enthaltenen Bitterstoffe sind überdies gut für die Gesundheit.

ZUBEREITUNG: 45 MINUTEN
FÜR 4 PERSONEN

Zutaten

Für den Salat

2 Zitronen
12 junge Artischocken
Salz
2 hart gekochte Eier
½ Bund Petersilie

Für das Dressing

8 Sardellenfilets in Öl
2 Zweige frischer Thymian
100 ml Gemüsefond (aus dem Glas)
2 EL Schmant
2 EL Zitronensaft
2 EL kleine Kapern (aus dem Glas)
Pfeffer

Die Zitronen auspressen, die Hälfte des Saftes in eine Schüssel mit kaltem Wasser geben. Die Artischocken von den äußeren harten Blattreihen befreien, die Blattspitzen mit der Küchenschere zwei bis drei Zentimeter kürzen. Die Stiele auf etwa vier Zentimeter kürzen und schälen. Die Artischocken längs halbieren und das sogenannte Heu (die Fasern im Inneren) entfernen. Schnell arbeiten und die geputzten Artischocken sofort ins vorbereitete Zitronenwasser legen, damit sie nicht braun werden.

In einem Topf Wasser aufkochen, kräftig salzen und den übrigen Zitronensaft hinzufügen. Die geputzten Artischocken darin bei mittlerer Hitze in 10–12 Minuten zugedeckt weich kochen.

Inzwischen für das Dressing die Sardellenfilets abtropfen lassen und klein schneiden. Den Thymian waschen, trocken schütteln und die Blättchen abstreifen. Sardellen und Thymian mit dem Fond, Schmant, Zitronensaft und einem Esslöffel Kapern im Mixer (oder in einem hohen Aufschlaggefäß mit dem Pürierstab) fein pürieren, mit Pfeffer abschmecken.

Die hart gekochten Eier pellen und fein hacken. Die Petersilie waschen und trocken schütteln, die Blätter abzupfen und fein schneiden.

Die Artischocken mit einem Schaumlöffel aus dem Sud heben und gut abtropfen lassen. Lauwarm abgekühlt auf vier Tellern anrichten. Mit dem Sardellendressing beträufeln und die übrigen Kapern, die fein geschnittene Petersilie und die gehackten Eier darüberstreuen. Dazu passen Baguette und ein trockener Weißwein.

Grüner Spargelsalat mit Arganöl

Leichter Genuss mit überraschend intensiv-würzigem Aroma – probieren Sie es aus!

ZUBEREITUNG: 30 MINUTEN
FÜR 2 PERSONEN

Zutaten

Für den Salat

500 g grüner Spargel
Salz | Zucker

Für das Dressing

¼ TL Fleur de Sel
2 EL weißer Balsamicoessig
4 EL Arganöl

Den Spargel im unteren Drittel schälen und die holzigen Enden abschneiden. In einem Topf, in dem die Stangen liegend Platz haben, etwa fünf Zentimeter hoch Wasser aufkochen. Je einen halben Teelöffel Salz und Zucker hinzufügen. Den Spargel darin in etwa 15 Minuten weich kochen. Herausheben, abtropfen lassen und auf zwei Teller geben.

Von dem Spargelkochwasser vier Esslöffel abnehmen, das Fleur de Sel, den Essig und das Arganöl unterschlagen. Den Spargel damit beträufeln und lauwarm mit Baguette servieren.

▮ VARIANTE: *Wer kein Arganöl zur Hand hat, kann es durch* **kalt gepresstes Olivenöl** *und etwas frisch gemahlenen* **schwarzen Pfeffer** *ersetzen und mit dem Sparschäler ein wenig* **Parmesan** *über den Spargel hobeln – schmeckt anders, aber ebenfalls lecker.*

Spinatsalat mit Erdbeeren und Bresaola

Das Balsamico-Pfeffer-Dressing verleiht dem Salat eine raffinierte Note.

ZUBEREITUNG: 25 MINUTEN
FÜR 2 PERSONEN

Zutaten

Für den Salat

150 g Babyspinat | 200 g Erdbeeren
100 g Bresaola (in dünnen Scheiben)

Für das Dressing

2 EL Balsamicoessig | Salz | Pfeffer
1 TL Honig | 4 EL Sonnenblumenöl
1–2 TL grüner Pfeffer (aus dem Glas)

Den Spinat waschen, verlesen und trocken schleudern. Die Erdbeeren waschen, auf Küchenpapier abtropfen lassen, entkelchen und halbieren. Den Rinderschinken in Stücke zupfen.

Für das Dressing den Balsamicoessig in einer Schüssel mit je einer kräftigen Prise Salz und Pfeffer und dem Honig verrühren. Das Öl mit dem Schneebesen unterschlagen. Den grünen Pfeffer abtropfen lassen, grob hacken und unterrühren. Kurz vor dem Servieren Spinat und Erdbeeren vorsichtig unterheben und mit den Schinkenstücken in zwei Schalen verteilen. Dazu schmecken Ciabatta und ein trockener Rosé.

▮ SCHON GEWUSST? *Bresaola ist mageres luftgetrocknetes Rindfleisch. Sie bekommen es in hauchdünne Scheiben geschnitten in italienischen Feinkostgeschäften und häufig auch im Supermarkt.*

Chicorée mit Honig und Balsamicoessig

Kein klassischer Salat, sondern eine mediterrane Vorspeise, die am besten lauwarm mundet.

ZUBEREITUNG: 20 MINUTEN
FÜR 2 PERSONEN

Zutaten

1 EL Pinienkerne
2 Chicorée
2 EL Olivenöl
1 EL Akazienhonig
2 EL Balsamicoessig
Salz
Pfeffer (nach Belieben)

Die Pinienkerne in einer Pfanne ohne Fett bei schwacher Hitze goldbraun rösten, herausnehmen und abkühlen lassen. Den Chicorée im Ganzen waschen und gut abtrocknen. Den Stielansatz dünn abschneiden und die Stauden vierteln (die Viertel sollen noch gut zusammenhalten).

Das Öl in die Pfanne geben, erhitzen und die Chicoréeviertel darin bei mittlerer Hitze 2–3 Minuten braten. Den Honig darüberträufeln und mit dem Balsamicoessig ablöschen. 2 Minuten schmoren lassen, den Chicorée dabei wenden, damit er gut mit der goldbraunen Honig-Balsamico-Mischung überzogen wird. Leicht salzen.

Den Chicorée auf zwei Tellern anrichten und die Pinienkerne darüberstreuen. Nach Belieben Pfeffer darübermahlen. Zu diesem Salat unbedingt Weißbrot zum Auftunken der Sauce reichen.

▌VARIANTE: *Statt Chicorée können Sie auch* **Radicchio di Treviso** *(auch kurz Trevisano genannt) auf diese Weise zubereiten. Er sieht zugegebenermaßen nach dem Braten nicht mehr ganz so dekorativ aus, schmeckt aber hervorragend!*

Dill-Senf-Dressing

Der skandinavische Klassiker harmoniert bestens mit Chicorée, Räucherlachs oder Garnelen.

Portwein-Orangen-Dressing

Mit seiner fruchtigen Süße bereichert das Dressing Salate mit Entenbrust oder Wild.

French Dressing

Dieses klassische Dressing auf Mayonnaise-Basis passt gut zu Blattsalaten mit Wurst und Käse.

Kapern-Paprika-Dressing

Die pikante Sauce schmeckt fein zu Salaten mit gedämpftem Gemüse, Fisch oder Kalbfleisch.

French Dressing

ZUBEREITUNG: 10 MINUTEN
FÜR 4 PERSONEN

Zutaten

2 EL Weißweinessig | Salz
Pfeffer | Zucker
1 TL mittelscharfer Senf | 1 TL Ketchup
2 EL Mayonnaise | 4 EL Sonnenblumenöl
1 EL fein gehackte Kräuter (beispielsweise
Estragon, Basilikum, Schnittlauch)
1–2 Spritzer Tabascosauce

Den Essig mit je einer kräftigen Prise Salz und
Pfeffer, einer kleinen Prise Zucker, Senf, Ketchup
und Mayonnaise verrühren. Das Öl unterschlagen, die Kräuter unterziehen und das Dressing mit
Tabascosauce würzig abschmecken.

Kapern-Paprika-Dressing

ZUBEREITUNG: 12 MINUTEN
FÜR 4 PERSONEN

Zutaten

1 Schalotte | 1 Knoblauchzehe
1 TL Kapern (aus dem Glas)
1 TL frische Thymianblättchen
1 EL Zitronensaft | 1 EL Rotweinessig
2 EL Olivenöl | 2 EL Sahne
1 EL fein gewürfelte rote Paprikaschote
Salz | Pfeffer

Die Schalotte und den Knoblauch schälen, die
Kapern abtropfen lassen. Alles zusammen mit
dem Thymian fein hacken. Zitronensaft, Essig,
Öl, Sahne und Paprikawürfel unterrühren und mit
Salz und Pfeffer abschmecken.

Dill-Senf-Dressing

ZUBEREITUNG: 10 MINUTEN
FÜR 4 PERSONEN

Zutaten

2 EL Estragonessig (siehe Seite 19
oder fertig gekauft)
1 EL Honig | 1 EL mittelscharfer Senf
1 TL Meerrettich (aus dem Glas)
2 EL gehackter Dill
2 EL Sonnenblumenöl
Salz | weißer Pfeffer

Den Essig mit Honig, Senf und Meerrettich verrühren. Den Dill und das Öl untermischen und
mit Salz und weißem Pfeffer abschmecken.

Portwein-Orangen-Dressing

ZUBEREITUNG: 15 MINUTEN
FÜR 4 PERSONEN

Zutaten

4 EL roter Portwein
4 EL Orangensaft
1 TL Johannisbeergelee
2 EL Himbeeressig
Salz | Pfeffer | 4 EL Walnussöl

Portwein und Orangensaft zusammen in einem
kleinen Topf aufkochen und in etwa 2 Minuten
auf die Hälfte reduzieren. Das Johannisbeergelee
einrühren und den Topf vom Herd nehmen. Lauwarm abkühlen lassen, dann den Essig und je eine
kräftige Prise Salz und Pfeffer unterrühren und
das Öl unterschlagen.

Lauwarmer Gurkensalat mit Räucherforelle

Diese Wiener Spezialität eignet sich ausgezeichnet als Vorspeise zu einem festlichen Menü.

ZUBEREITUNG: 25 MINUTEN
FÜR 4 PERSONEN

Zutaten

2 kleine Salatgurken
2 Schalotten
4–5 Stängel Dill
2 EL Butter
2 EL Weißweinessig
2 EL Crème fraîche
1 TL Meerrettich (aus dem Glas)
Salz | weißer Pfeffer
4 geräucherte Forellenfilets (etwa 250 g)

Die Gurken schälen, längs halbieren und die Kerne herauskratzen (geht am besten mit einem Kugelausstecher). Die Hälften in dicke Halbringe schneiden. Die Schalotten schälen und fein hacken. Den Dill waschen und trocken schütteln. Vier hübsche Zweiglein für die Dekoration in feuchtes Küchenpapier wickeln und ins Gemüsefach des Kühlschranks legen. Von den übrigen Stielen die Spitzen abzupfen und fein hacken.

Die Butter in einer Pfanne zerlassen und die Schalotten darin glasig schwitzen. Die Gurken dazugeben und 2 Minuten bei mittlerer Hitze andünsten.

Den Essig mit der Crème fraîche und dem Meerrettich verrühren, zu den Gurken geben und diese 3 Minuten zugedeckt schmoren lassen. Den gehackten Dill unterrühren und mit Salz und weißem Pfeffer würzen.

Die Gurken auf vier Teller geben. Die Forellenfilets darauf anrichten und mit den Dillzweiglein garnieren. Sofort warm servieren. Dazu passt ein trockener Weißwein.

▌ VARIANTE: *Am besten schmeckt natürlich frisch geräucherter Fisch, beispielsweise auch* **geräucherte Renke** *– falls Sie eine in Süddeutschland oder Österreich ergattern.*

▌ TIPP: *Räucherfisch sollte generell nicht direkt aus dem Kühlschrank, sondern zimmerwarm serviert werden, dann entfaltet er sein Aroma am besten.*

Rucola-Tomaten-Salat im Parmesankörbchen

Die Körbchen aus feinem Käsegespinst für diese elegante italienische Vorspeise erfordern ein wenig Geschick, sehen aber hinreißend aus und schmecken ausgesprochen gut.

ZUBEREITUNG: 45 MINUTEN
FÜR 4 PERSONEN

Zutaten

Für die Parmesankörbchen

100 g Parmesan (am Stück)

Für den Salat

2 EL Pinienkerne | 1 großes Bund Rucola
200 g kleine Kirschtomaten
4 Scheiben Parmaschinken (etwa 50 g)

Für das Dressing

2 EL Balsamicoessig | Salz | 1 TL Honig
Pfeffer | 4 EL kalt gepresstes Olivenöl

Den Backofen auf 180 °C vorheizen, ein Blech mit Backpapier belegen. Eine Tasse oder Schale bereitstellen, die als Form für die Körbchen dienen wird. Da man schnell arbeiten muss, empfiehlt es sich, in zwei Arbeitsgängen je zwei Körbchen herzustellen: Den Parmesan fein reiben und zu jeweils zwei etwa 18 Zentimeter großen Kreisen auf dem Backpapier ausstreuen. In 5–6 Minuten im heißen Backofen zu dünnen goldbraunen Fladen schmelzen. Jeweils einen Parmesanfladen mit der Palette oder einem flachen Pfannenwender lösen, sofort über die umgedrehte Tasse oder Schale legen und mit den Händen andrücken. Kurz abkühlen lassen, das Parmesankörbchen lösen und zum Auskühlen beiseitestellen. Den zweiten Fladen im Ofen wieder erwärmen und daraus das zweite Körbchen formen. Aus dem übrigen Käse auf neuem Backpapier zwei weitere Körbchen herstellen.

Die Pinienkerne in einem Pfännchen ohne Fett goldbraun rösten, aus der Pfanne nehmen und abkühlen lassen. Den Rucola waschen und abtropfen lassen, die groben Stiele entfernen und die Blätter in mundgerechte Stücke zupfen. Die Kirschtomaten waschen, halbieren und nach Belieben die Stielansätze herausschneiden. Den Parmaschinken in Stücke zupfen.

Für das Dressing den Essig mit einer kräftigen Prise Salz, dem Honig und etwas Pfeffer verrühren, das Olivenöl unterschlagen. Rucola, Kirschtomaten und Schinken untermischen.

Die Parmesankörbchen auf vier Teller setzen. Den Salat vorsichtig hineinfüllen und die Pinienkerne darüberstreuen. Sofort mit knusprigem Ciabatta servieren.

Flusskrebssalat mit Basilikum-Granité

Macht richtig was her – und gelingt ganz leicht!

ZUBEREITUNG: 25 MINUTEN
KÜHLEN: 2 STUNDEN
FÜR 4 PERSONEN

Zutaten

Für den Salat

1 Charantais-Melone
200 g Flusskrebse (gegart und ausgelöst, aus der Kühltheke)

Für das Dressing

2 EL Zitronensaft
2 EL trockener Sherry (Fino)
⅓ TL Fleur de Sel
4 EL Traubenkernöl (oder mildes Olivenöl)

Für das Basilikum-Granité

2 Bund Basilikum
250 ml Mineralwasser
Salz | Zitronensaft

Für das Basilikum-Granité die Basilikumblätter abzupfen. In einem Topf Wasser aufkochen, die Blätter darin 30 Sekunden blanchieren, herausnehmen und in Eiswasser abkühlen lassen. Gut ausdrücken und grob zerkleinern. Mit dem Mineralwasser im Mixer (oder in einem hohen Aufschlaggefäß mit dem Pürierstab) fein pürieren. Mit einer Prise Salz und einem Spritzer Zitronensaft abschmecken. In eine flache Schale gießen und für 2 Stunden ins Tiefkühlfach stellen. Nach 30 Minuten zum ersten Mal, dann noch zweimal nach weiteren 30 Minuten kurz herausnehmen und mit einer Gabel gründlich durchrühren, sodass sich viele kleine Kristalle bilden.

Für das Dressing den Zitronensaft und den Sherry mit dem Fleur de Sel verrühren, bis sich dieses aufgelöst hat. Das Öl unterschlagen.

Die Melone halbieren und die Kerne entfernen. Mit dem Kugelausstecher gleichmäßige Kugeln von dem Fruchtfleisch abstechen. Die Melonenkugeln und das Flusskrebsfleisch in das Dressing geben und vorsichtig unterheben.

Zum Servieren den Flusskrebssalat auf vier Gläser verteilen. Aus dem Basilikum-Granité mit einem Eisportionierer jeweils eine Kugel formen und darauf anrichten.

▌VARIANTE: *Statt der Flusskrebse können Sie auch **gegarte Garnelen** verwenden und anstelle der Melonenkugeln schmecken auch enthäutete und klein **gewürfelte Pfirsiche**.*

Meeresfrüchtesalat mit Rosmarin und Pinienkernen

Sanft gegarte Meeresfrüchte, gewürzt mit Kräutern, Pinienkernen und Sherry – so schmeckt der Süden.

ZUBEREITUNG: 20 MINUTEN
FÜR 4 PERSONEN

Zutaten

Für den Salat

2 Knoblauchzehen
1 Zweig frischer Rosmarin
2 EL Olivenöl
2 EL Pinienkerne
600 g gegarte Meeresfrüchte (siehe Tipp)
Salz | Pfeffer
4 EL trockener Sherry
4 Salatblätter (beispielsweise Novita)

Für das Dressing

2 EL Zitronensaft | Salz | Zucker
4 EL kalt gepresstes Olivenöl

Den Knoblauch schälen und in feine Scheiben schneiden. Den Rosmarin waschen, trocken schütteln, die Blätter abzupfen und grob hacken.

Das Öl in einer Pfanne erhitzen. Pinienkerne, Knoblauchscheiben und gehackten Rosmarin darin 1 Minute bei mittlerer Hitze anbraten. Die Meeresfrüchte dazugeben, unter Rühren 2 Minuten anbraten und leicht salzen und pfeffern. Mit dem Sherry ablöschen, diesen 1 Minute einkochen lassen und die Pfanne vom Herd nehmen.

Den Zitronensaft in einer Schüssel mit einer kräftigen Prise Salz und einer kleinen Prise Zucker verrühren und das Öl unterschlagen, sodass eine Emulsion entsteht. Die Meeresfrüchte untermischen und lauwarm abkühlen lassen.

Die Salatblätter waschen, trocken tupfen und vier Kelchgläser damit auslegen. Den Meeresfrüchtesalat hineingeben und mit Ciabatta servieren. Dazu passt ein fruchtiger Weißwein.

▌ VARIANTE: *Sanft im Dampf vorgegarte Meeresfrüchte finden Sie in gut sortierten Supermärkten in der Kühltheke. Ersatzweise können Sie auch **tiefgekühlte Meeresfrüchte** verwenden: Diese rechtzeitig auftauen, in einem Sieb abtropfen lassen und 2–3 Minuten länger in der Pfanne garen.*

Belugalinsen-Salat mit Jakobsmuscheln

Linsen und Muscheln sind immer eine gute Kombination – in dieser Luxusvariante mit Kaviarlinsen und Jakobsmuscheln umso mehr.

ZUBEREITUNG: 40 MINUTEN
FÜR 4 PERSONEN

Zutaten

Für den Salat

150 g Belugalinsen
2 Schalotten
1 EL neutrales Pflanzenöl
400 ml Gemüsefond (aus dem Glas)
2 Strauchtomaten
2 Frühlingszwiebeln
12 ausgelöste Jakobsmuscheln
je 1 EL schwarzer und weißer Sesam
2 EL Butter

Für das Dressing

2 EL Balsamicoessig | 1 TL Honig
Salz | Pfeffer | 2 EL Walnussöl

Die Linsen in einem Sieb abbrausen und abtropfen lassen. Die Schalotten schälen und fein hacken. Das Öl in einem Topf erhitzen. Die Schalotten darin 1 Minute anschwitzen, dann die Linsen dazugeben und beides zusammen noch 1 Minute unter Rühren anbraten. Mit dem Gemüsefond ablöschen und etwa 20 Minuten bei schwacher Hitze köcheln lassen, gelegentlich umrühren. Sobald die Linsen weich sind, aber noch Biss haben, vom Herd nehmen und lauwarm abkühlen lassen.

Inzwischen die Tomaten mit kochendem Wasser überbrühen, kalt abschrecken, enthäuten, von den Samen befreien und das Fruchtfleisch fein würfeln. Die Frühlingszwiebeln putzen, waschen und den weißen und hellgrünen Teil sehr fein schneiden.

Für das Dressing den Essig mit dem Honig und je einer kräftigen Prise Salz und Pfeffer verrühren und das Öl unterschlagen. Tomaten und Frühlingszwiebeln unterrühren. Das Dressing unter die Linsen mischen.

Die Jakobsmuscheln kalt abwaschen und trocken tupfen. Die Sesamsamen mischen und die Muscheln jeweils mit einer Seite hineindrücken. Die Butter in einer Pfanne aufschäumen. Die Muscheln mit der Sesamseite hineinlegen und 2 Minuten bei mittlerer Hitze braten. Wenden und auf der anderen Seite 1 weitere Minuten braten. Den Linsensalat auf vier Teller verteilen und die Jakobsmuscheln darauf anrichten.

▌SCHON GEWUSST? *Beluga- oder Kaviarlinsen sind klein, schwarz und sehr aromatisch. Die bei uns in Feinkost- und Bioläden erhältlichen schwarzen Linsen stammen meist aus Kanada oder den USA, sie werden aber auch in Vorderasien angebaut. Sie haben eine relativ kurze Garzeit und müssen nicht eingeweicht werden.*

▌VARIANTE: *Alternativ können Sie den Salat auch mit roten Linsen zubereiten, die sogar noch schneller weich sind (Garzeit 10–12 Minuten). Rösten Sie sie ebenfalls im Öl an und prüfen Sie nach 10 Minuten Kochzeit regelmäßig, ob die Linsen gar sind, aber dennoch ihre Form und ein wenig Biss behalten und nicht zerfallen!*

Fenchelsalat mit Seeteufel und Rosa-Pfeffer-Dressing

Mit dem grätenlosen Edelfisch als warme Krönung punkten Sie auch bei Skeptikern.

ZUBEREITUNG: 30 MINUTEN
FÜR 4 PERSONEN

Zutaten

Für den Salat

3 junge Knollen Gemüsefenchel
(etwa 600 g)
1 Dose Mandarin-Orangen (350 g
Abtropfgewicht)
300 g Seeteufelfilet
2 EL neutrales Pflanzenöl | Salz

Für das Dressing

2 TL rosa Pfefferbeeren
3 EL Weißweinessig
⅓ TL Fleur de Sel
1 TL Dijonsenf
4 EL Vanilleöl (siehe Seite 25)

Das Fenchelgrün abschneiden und für die Garnitur beiseitelegen. Den Fenchel putzen, waschen, längs halbieren und den Strunk herausschneiden. Die Hälften in feine Spalten schneiden oder hobeln und in einem Sieb kalt abbrausen und gut abtropfen lassen. Die Mandarin-Orangen durch ein Sieb abgießen, den Saft auffangen und drei Esslöffel davon für das Dressing abnehmen.

Für das Dressing den rosa Pfeffer im Mörser grob zerstoßen. Den Saft aus der Dose und den Essig in einer Schüssel mit dem Fleur de Sel verrühren, bis sich dieses gelöst hat. Den Senf unterrühren, das Öl unterschlagen und den rosa Pfeffer untermischen. Den Fenchel und die Mandarin-Orangen unterheben.

Das Seeteufelfilet kalt abwaschen, abtrocknen und in zwölf Medaillons schneiden. Das Pflanzenöl in einer Pfanne erhitzen. Die Seeteufelmedaillons salzen und in der Pfanne von beiden Seiten je 2 Minuten braten.

Den Fenchelsalat auf vier Teller verteilen und jeweils drei Seeteufelmedaillons darauf anrichten. Mit dem Fenchelgrün garniert servieren. Dazu passt ein trockener Weißwein.

▌VARIANTEN: *Wenn Sie kein Vanilleöl zur Hand haben, ersetzen Sie es durch* **Sonnenblumenöl** *und fügen das ausgekratzte* **Mark einer Vanilleschote** *hinzu.*
Für eine **vegetarische Variante** *lassen Sie den Fisch weg und garnieren Sie den Salat mit* **frischen Himbeeren** *und bestreuen ihn mit gerösteten Mandelstiften.*
Wer sich mit Mandarin-Orangen aus der Dose nicht anfreunden kann, schält zwei Orangen mitsamt der weißen Innenhaut bis ins Fruchtfleisch, schneidet die **Orangenfilets** *zwischen den Trennhäutchen heraus und mischt diese unter den Salat. Den dabei austretenden Saft in einer Schüssel auffangen und für das Dressing verwenden.*

Friséesalat mit Rotbarben-filets und Paprikakonfetti

Die zarten Mittelmeerfischchen sind Augen- und Gaumenschmaus zugleich.

ZUBEREITUNG: 30 MINUTEN
FÜR 4 PERSONEN

Zutaten

Für den Salat

1 kleiner Kopf Friséesalat
12 Rotbarbenfilets (etwa 300 g)
2 EL Olivenöl

Für das Dressing

je ½ rote und gelbe Paprikaschote
1 unbehandelte Zitrone
Salz | Pfeffer | Zucker
4 EL Kräuter-Knoblauch-Öl
(siehe Seite 27)

Den Salat putzen, waschen, in mundgerechte Stücke zupfen und trocken schleudern. Die Rotbarbenfilets kalt abwaschen, abtrocknen und auf Gräten untersuchen: Falls auf der Innenseite welche beim Darüberstreichen mit den Fingerspitzen spürbar sind, diese mit einer Pinzette entfernen.

Für das Dressing die Paprikahälften von Stielansatz, weißen Scheidewänden und Samen befreien, waschen und in millimeterfeine Würfelchen schneiden. Die Zitrone heiß abwaschen und abtrocknen, die Schale mit einem Zestenreißer in feinen Spänen abziehen und für die Rotbarben beiseitestellen. Die Zitrone halbieren und vier Esslöffel Zitronensaft auspressen.

Den Zitronensaft mit je einer kräftigen Prise Salz und Pfeffer und einer kleinen Prise Zucker verrühren und das Öl unterschlagen. Die Paprikawürfelchen untermischen.

Das Olivenöl in einer Pfanne erhitzen. Die Rotbarbenfilets salzen und auf der Fleischseite mit den Zitronenzesten bestreuen. Die Fischfilets mit der Hautseite in die Pfanne legen und 1 Minute anbraten. Dann wenden, auf der anderen Seite etwa 30 Sekunden braten und die Pfanne vom Herd nehmen.

Den Salat auf vier Teller verteilen, mit dem Dressing beträufeln und auf jeder Portion drei Rotbarbenfilets anrichten. Sofort servieren.

▌ VARIANTEN: *Wer kein Kräuter-Knoblauch-Öl zur Hand hat, ersetzt es durch kalt gepresstes Olivenöl und mischt eine fein gehackte* **Knoblauchzehe** *und einen Teelöffel* **Thymianblättchen** *unter.*
Statt des Dressings mit dem Paprikakonfetti können Sie für diesen Salat auch das **Tomatendressing** *von Seite 102 verwenden.*

Avocadosalat mit Scampi und Tomatendressing

Das fruchtige Tomatendressing ist eine meiner Lieblingssalatsaucen, es passt zu einer ganzen Reihe von mediterranen Salaten.

ZUBEREITUNG: 35 MINUTEN
FÜR 4 PERSONEN

Zutaten

Für den Salat

2 reife Avocados | 2 EL Zitronensaft
12 kleine Scampi (küchenfertig geschält)
1 Knoblauchzehe
1 kleine rote Chilischote
2 EL Olivenöl | Salz

Für das Dressing

2 Strauchtomaten
2–3 getrocknete Tomaten (in Öl eingelegt)
1 Knoblauchzehe | 2–3 Stängel Basilikum
2 EL Rotweinessig | Salz | Pfeffer
4 EL Tomateneinlegeöl

Für das Dressing die Tomaten mit kochendem Wasser überbrühen, kalt abschrecken, enthäuten, von den Samen befreien und das Fruchtfleisch fein würfeln. Die getrockneten Tomaten abtropfen lassen und fein hacken. Den Knoblauch schälen und fein hacken. Die Basilikumblätter von den Stielen zupfen und fein schneiden. Den Essig mit je einer kräftigen Prise Salz und Pfeffer verrühren und das Tomatenöl unterschlagen. Die frischen und die getrockneten zerkleinerten Tomaten, den Knoblauch und das Basilikum untermischen.

Die Avocados längs halbieren und die Kerne herauslösen. Die Hälften schälen und jeweils längs so einschneiden, dass man daraus Fächer formen kann. Diese auf vier Vorspeisenteller geben und dünn mit Zitronensaft einpinseln.

Die Scampi am Rücken einritzen und den schwarzen Darmfaden entfernen. Den Knoblauch schälen und fein hacken. Die Chilischote waschen und ohne Stielansatz fein hacken (wer es nicht ganz so scharf mag, entfernt die Samen). Das Olivenöl in einer Pfanne erhitzen. Die Scampi darin 1 Minute anbraten, wenden und Knoblauch und Chili dazugeben. Auf der anderen Seite ebenfalls 1 Minute braten. Die Pfanne vom Herd nehmen und die Scampi leicht salzen.

Das Dressing über den Avocadofächern verteilen, die gebratenen Scampi darauf anrichten und den Salat sofort servieren. Dazu passt Ciabatta und ein fruchtiger Weißwein.

Oktopussalat
mit Zitronendressing

Mit dieser mediterranen Vorspeise machen Sie Meeresfrüchtefans glücklich.

ZUBEREITUNG: 1 STUNDE
DURCHZIEHEN: 1 STUNDE
FÜR 4 PERSONEN

Zutaten

Für den Salat

1 küchenfertiger Oktopus (etwa 600 g,
frisch oder tiefgekühlt und aufgetaut)
1 Lorbeerblatt
Pfeffer
1 EL Pistazienkerne

Für das Dressing

2 Knoblauchzehen
4 EL Zitronenöl
(siehe Seite 25 oder fertig gekauft)
Meersalz

Den Oktopus waschen. In einem großen Topf
Wasser aufkochen, das Lorbeerblatt und reichlich
frisch gemahlenen Pfeffer hinzufügen. Den Oktopus mit den Tentakeln zuerst ins kochende Wasser
halten, bis sie sich einrollen. Dann ganz untertau-
chen und zugedeckt etwa 30 Minuten kochen lassen, bis der Oktopus weich ist. Herausnehmen
und abkühlen lassen.

Für das Dressing den Knoblauch schälen und sehr
fein hacken. Mit dem Öl verrühren. Vier Vorspeisenteller mit etwas Knoblauch-Zitronenöl einpinseln. Den Oktopus (am besten mit der Aufschnittmaschine) schräg in etwa drei Millimeter dünne
Scheiben schneiden und auf den Tellern anrichten. Etwas Meersalz darüberstreuen und das
übrige Knoblauch-Zitronenöl darüberträufeln.
Den Salat mit Frischhaltefolie abdecken und
1 Stunde kalt stellen.

Zum Servieren die Pistazien hacken und über den
angerichteten Oktopussalat streuen. Dazu
schmeckt knuspriges Weißbrot und ein kräftiger
Weißwein.

▌SCHON GEWUSST? *Salz im Kochwasser
macht den Tintenfisch hart, würzen Sie es
deshalb nur mit Lorbeer und Pfeffer.*

▌TIPP: *Wenn Sie eine Aufschnittmaschine
benutzen, reinigen Sie diese sofort nach
Gebrauch gründlich mit Seifenlauge und reiben Sie mit Zitronensaft nach – das vertreibt
den Fischgeruch!*

Wiener Backhendlsalat mit Kernöl-Dressing

Kürbiskerne verleihen der Knusperpanade ein wunderbares Aroma.

ZUBEREITUNG: 45 MINUTEN
FÜR 4 PERSONEN

Zutaten

Für den Salat

150 g Feldsalat
4 mittelgroße festkochende Kartoffeln
400 g Hähnchenbrustfilet
4 EL Mehl | 1 Ei
2 EL Kürbiskerne
4 EL Semmelbrösel
Salz | Pfeffer
neutrales Pflanzenöl zum Braten

Für das Dressing

3 EL Weißweinessig | Salz
Pfeffer | Zucker
je 3 EL neutrales Pflanzenöl
und Kürbiskernöl

Den Feldsalat putzen, gründlich waschen und trocken schleudern. Die Hähnchenbrustfilets waschen, abtrocknen und schräg in gut daumendicke Stücke schneiden. Das Mehl auf einen Teller geben. Das Ei in einem tiefen Teller mit einem Teelöffel Wasser verquirlen. Die Kürbiskerne grob hacken und auf einem weiteren Teller mit den Semmelbröseln mischen. Die Hähnchenstreifen mit Salz und Pfeffer würzen. Zuerst im Mehl wenden und den Überschuss abklopfen, dann durch das verquirlte Ei ziehen und schließlich in der Brösel-Kürbiskern-Mischung wenden. Die Panade sanft andrücken.

Für das Dressing den Essig in einer Salatschüssel mit je einer kräftigen Prise Salz und Pfeffer und einer Messerspitze Zucker verrühren. Die beiden Ölsorten mit dem Schneebesen unterschlagen.

Die Kartoffeln schälen, in etwa fünf Millimeter große Würfel schneiden und mit Küchenpapier trocken tupfen. In einer Pfanne etwa zwei Esslöffel Öl erhitzen und die Kartoffelwürfel darin bei mittlerer Hitze unter regelmäßigem Wenden knusprig braten. Zum Schluss leicht salzen.

Gleichzeitig in einer weiteren Pfanne einen Zentimeter hoch Öl erhitzen. Die Hähnchenstücke darin bei mittlerer Hitze von jeder Seite in 2 Minuten goldbraun braten. Kartoffelwürfel und Hähnchenstücke herausheben und auf Küchenpapier abtropfen lassen.

Den Feldsalat zum Dressing geben, gut unterheben und auf vier Teller verteilen. Die knusprigen Kartoffeln darüberstreuen und die Hähnchenstücke darauf anrichten.

Eichblattsalat mit Rinderfilet und warmem Steinpilzöl

Bei Niedrigtemperatur zart und rosig gegartes Rinderfilet, mit würzigem Öl beträufelt – ein Hochgenuss!

ZUBEREITUNG: 30 MINUTEN
GAREN: 1 STUNDE
FÜR 4 PERSONEN

Zutaten

Für den Salat

400 g Rinderfilet
(aus der Mitte geschnitten)
Salz | Pfeffer | 2 EL neutrales Pflanzenöl
½ Kopf Eichblattsalat
je ½ rote und gelbe Paprikaschote
1 Handvoll kleine Kirschtomaten
Fleur de Sel (nach Belieben)

Für das Dressing

2 EL Himbeeressig
¼ TL Fleur de Sel | Pfeffer
6 EL Steinpilzöl (siehe Seite 25
oder fertig gekauft)

Den Backofen samt ofenfester Form aus Porzellan oder Keramik auf 80 °C vorheizen. Das Fleisch trocken tupfen, salzen und pfeffern. Das Öl in einer Pfanne erhitzen, das Filet darin bei nicht zu starker Hitze rundherum 5–6 Minuten anbraten. In die vorgeheizte Form geben und 1 Stunde im Ofen bei Niedrigtemperatur garen. Das Fleisch herausnehmen und lauwarm abkühlen lassen.

Inzwischen den Eichblattsalat waschen, in mundgerechte Stücke zupfen und trocken schleudern. Die Paprikahälften putzen, waschen und millimeterfein schneiden. Die Kirschtomaten waschen und halbieren.

Für das Dressing den Essig mit dem Fleur de Sel verrühren, bis sich dieses aufgelöst hat. Etwas Pfeffer hinzufügen und zwei Esslöffel Steinpilzöl unterschlagen. Den Salat dazugeben, gut unterheben und auf vier Teller verteilen. Die Kirschtomaten auf dem Salat verteilen, die roten und gelben Paprikawürfelchen darüberstreuen.

Das Rinderfilet in dünne Scheiben schneiden und auf dem Salat anrichten. Das übrige Öl erwärmen und darüberträufeln. Nach Belieben ein wenig Fleur de Sel auf das Fleisch streuen.

▍**VARIANTE:** *Wenn's schnell gehen soll, kaufen Sie fertigen Roastbeef-Aufschnitt und richten diesen wie beschrieben auf dem Salat an.*

Steaksalat mit Paprika-Mandel-Salsa

Fleischfans kommen bei diesem Salat mit nussig-scharfer Salsa voll auf ihre Kosten.

ZUBEREITUNG: 45 MINUTEN
FÜR 4 PERSONEN

Zutaten

Für den Salat

3 Rinderlenden- oder Hüftsteaks
(je etwa 150 g)
Salz | 1 EL neutrales Pflanzenöl
4 große Blätter Salat (beispielsweise Batavia)

Für die Salsa

2 EL Mandelstifte
je 1 rote und gelbe Paprikaschote
1 große rote Chilischote
3 Frühlingszwiebeln | 1 Knoblauchzehe
2 EL Limettensaft | Salz | Zucker
4 EL Rapsöl

Für die Salsa die Mandelstifte in einem Pfännchen bei schwacher Hitze ohne Fett goldbraun rösten und abkühlen lassen. Die Paprikaschoten halbieren, von Stielen, Samen und Scheidewänden befreien, waschen und millimeterfein würfeln. Die Chilischote längs halbieren, von den Samen befreien und fein schneiden. Die Frühlingszwiebeln putzen, waschen und in feine Ringe schneiden. Den Knoblauch schälen und fein hacken. Den Limettensaft mit einer kräftigen Prise Salz und einer kleinen Prise Zucker verrühren und das Öl unterschlagen. Alle vorbereiteten Zutaten untermischen.

Die Steaks trocken tupfen und salzen. Die Grillpfanne erhitzen und die Stege mit Öl einpinseln. Die Steaks darin von jeder Seite 2 Minuten braten. Herausnehmen, jeweils einzeln in Alufolie einwickeln und 10 Minuten ruhen lassen.

Inzwischen die Salatblätter waschen, trocken tupfen und auf vier Teller legen. Die Steaks auswickeln, quer zur Faser in dünne Streifen schneiden und darauf anrichten. Die Salsa darüber verteilen und den Steaksalat mit knusprigem Weißbrot servieren. Dazu passt ein leichter Rotwein.

▌ SCHON GEWUSST? *Soll man das Fleisch vor dem Braten salzen? Oder doch besser hinterher? Darin sind sich die Experten uneinig! Ich finde, ein wenig Salz vorher sorgt beim Braten für eine schmackhaftere Kruste. Allerdings sollten Sie das bereits gesalzene Fleisch sofort anbraten. Liegt es länger, so entzieht das Salz dem Fleisch wertvollen Saft und macht es trocken und zäh. Wenn Sie Pfeffer mögen, besser erst nach dem Braten darübermahlen, denn er verbrennt in der Pfanne leicht und schmeckt dann nicht mehr.*

Portulaksalat mit Entenbrust und Granatapfeldressing

Ein zarter Blattsalat mit rosig gebratener Entenbrust und fruchtigem Dressing – ein Gedicht!

ZUBEREITUNG: 30 MINUTEN
FÜR 2 PERSONEN

Zutaten

Für den Salat

1 kleiner Granatapfel
1 Entenbrust (etwa 300 g)
Salz | Cayennepfeffer
2 Handvoll Portulak

Für das Dressing

2 EL Granatapfelessig (siehe Seite 21 oder fertig gekauft)
⅓ TL Fleur de Sel
Pfeffer | Zucker
4 EL Walnussöl

Vom Granatapfel den Blütenansatz herausschneiden und die Frucht in zwei Teile brechen. Die Kerne in eine Schüssel herauslösen, zwei Esslöffel Kerne ohne die harten weißen Stückchen der Trennwände für die Salatgarnitur beiseitelegen (siehe Tipp).

Den Backofen samt einer flachen ofenfesten Form auf 120 °C vorheizen. Die Entenbrust kalt abwaschen und abtrocknen. Die Haut rautenförmig einritzen und die Entenbrust rundherum mit Salz und Cayennepfeffer einreiben. Mit der Hautseite in eine kleine kalte Pfanne legen, auf den Herd stellen und etwa 5 Minuten bei mittlerer Temperatur erhitzen, bis die Haut schön goldbraun ist. Die Entenbrust wenden und auf der Fleischseite 3 Minuten anbraten. Das Fleisch in die Form im Ofen geben und in 12–15 Minuten fertig garen.

Inzwischen den Portulak waschen, verlesen und trocken schleudern. Für das Dressing den Essig mit dem Fleur de Sel verrühren, bis sich dieses gelöst hat. Etwas Pfeffer aus der Mühle und eine kleine Prise Zucker unterrühren und das Walnussöl unterschlagen.

Die Entenbrust aus dem Ofen nehmen und 5 Minuten zugedeckt ruhen lassen. Den Salat auf zwei Teller verteilen, das Dressing darüberträufeln und die Granatapfelkerne darüberstreuen. Die Entenbrust quer zur Faser in dünne Scheiben schneiden und auf dem Salat anrichten. Dazu schmeckt Ciabatta oder Walnussbaguette.

▌ VARIANTEN: *Wer keinen Granatapfelessig zur Hand hat, kann ihn durch **Himbeeressig** ersetzen, statt der Granatapfelkerne passen auch **Orangenfilets.***

▌ TIPP: *Mit den übrigen Granatapfelkernen können Sie gleich Granatapfelessig ansetzen (siehe Seite 21).*

Bratkartoffelsalat mit Pfifferlingen und Rehfilet

Dieser außergewöhnliche Kartoffelsalat schmeckt als feines herbstliches Abendessen.

ZUBEREITUNG: 45 MINUTEN
(+ KARTOFFELKOCHZEIT AM VORTAG)
FÜR 4 PERSONEN

Zutaten

Für den Salat

4 Wacholderbeeren | ½ TL Thymian
Salz | Pfeffer
300 g Rehrückenfilet
1 EL neutrales Pflanzenöl
250 g frische Pfifferlinge
600 g kleine festkochende Pellkartoffeln
(vom Vortag)
1 Handvoll Feldsalat
2 EL Butterschmalz

Für das Dressing

3 EL Zitronensaft | Salz | Pfeffer | Zucker
4 EL Rapsöl oder mildes Olivenöl

Den Backofen auf 120 °C vorheizen. Die Wacholderbeeren und den Thymian mit je einem Viertel Teelöffel Salz und frisch gemahlenem schwarzem Pfeffer im Mörser fein zerstoßen. Das Fleisch damit einreiben. Das Öl in einer Pfanne erhitzen und das Filet darin rundherum bei nicht allzu starker Hitze anbraten. Für 30 Minuten in den Ofen stellen und nachgaren lassen.

Inzwischen die Pfifferlinge putzen und je nach Größe halbieren oder ganz lassen. Die Kartoffeln pellen und vierteln. Den Feldsalat putzen, gründlich waschen und abtropfen lassen.

Für das Dressing den Zitronensaft mit je einer kräftigen Prise Salz und Pfeffer und einer kleinen Prise Zucker verrühren und das Öl unterschlagen.

In einer Pfanne einen Esslöffel Butterschmalz erhitzen und die Kartoffeln darin bei mittlerer Hitze in 7–8 Minuten von allen Seiten goldbraun braten. In einer zweiten Pfanne das übrige Butterschmalz erhitzen und die Pfifferlinge darin bei starker Hitze 3–4 Minuten braten. Kartoffeln und Pfifferlinge leicht salzen, kurz auf Küchenpapier abtropfen lassen und noch warm unter das Dressing mischen.

Das Rehrückenfilet aus dem Ofen nehmen, kurz ruhen lassen und in Scheiben schneiden. Den Feldsalat unter den Kartoffel-Pfifferling-Salat mischen und auf vier Teller verteilen. Das Rehrückenfilet darauf anrichten. Dazu schmeckt ein kräftiger Rotwein oder Bier.

Die Exoten

In diesem Kapitel erwarten Sie neben beliebten Klassikern *aus dem Orient und aus Fernost* einige ungewöhnliche Salate, die nicht jeder kennt. Würzige Kreationen mit Kichererbsen, Couscous und Granatapfel beispielsweise versprechen *nordafrikanische Genüsse,* feurig scharfe und zitrusfrische Kreationen mit grünen Papayas, Pomelos, Teriyaki-Thunfisch und Chiligarnelen stehen für *asiatische Gaumenfreuden,* mit denen Sie voll im Trend liegen.

Aus aller Welt

Hier holen Sie sich *exotische Aromen* aus aller Herren Länder auf den Tisch: Salate aus dem Orient und aus Fernost bescheren Ihnen und Ihren Gästen ganz neue, *interessante Geschmackserlebnisse.*

Wer gerne reist und isst, kann irgendwann auf eine breite Palette an Geschmackserinnerungen zurückgreifen, die man gelegentlich zu Hause wieder aufleben lassen möchte. In Zeiten von weltweitem Handel steht dem zum Glück nichts im Wege: Mediterrane Zutaten gehören mittlerweile zum Standardrepertoire unserer heimischen Genießerküche, die benötigten Zutaten bekommen Sie fast alle auf dem Markt oder im gut sortierten Lebensmittelhandel. Exotisches aus dem Nahen und Fernen Osten wird meist nur in Asien- und Orientläden angeboten, die es inzwischen aber auch nicht mehr nur in Großstädten gibt. Und wer tatsächlich in seiner näheren Umgebung schwer an Couscous, Zitronengras und Co. kommt, kann diese bei Bedarf im Internet bestellen und liefern lassen.

Sie planen, bei der nächsten Einladung mit Genüssen aus fernen Ländern aufzuwarten? Nur zu, mit den Rezepten in diesem Kapitel werden sich Ihre Gäste wie im Urlaub fühlen. Die Devise sollte dabei aber möglichst nicht »Authentizität um jeden Preis« lauten. Da Sie vermutlich nicht für Thailänder oder Japaner kochen, muss der Salat nicht unbedingt exakt so schmecken wie im Herkunftsland. Lecker muss er sein, und dabei dürfen auch unsere Essgewohnheiten eine Rolle spielen. In Thailand isst man Salate beispielsweise nicht alleine, sondern immer zusammen mit Reis und anderen Gerichten. Da man sie beim Verzehr mit neutralem Reis mischt, können sie dort natürlich um einiges schärfer sein. Das sollte Sie nicht daran hindern, einen Thai-Salat als Vorspeise zu reichen und den Schärfegrad entsprechend anzupassen. Ähnliches gilt für orientalische Salate: In Nordafrika und im Nahen Osten kombiniert man immer mehrere Salate mit Cremes, Dips und Fladenbrot zu einer kleinen Vorspeisenauswahl. Die Rezepte in diesem Buch eignen sich gut für solche Mezze-Büfetts, dienen aber ebenso gut einzeln als Vorspeise eines orientalischen Menüs.

Für den Vorrat

Manche Zutaten sind für den typischen Geschmack eines bestimmten Salates unerlässlich, andere lassen sich gut austauschen. Das Aroma von Zitronengras beispielsweise ist schwer zu ersetzen. Die Stängel lassen sich aber prima in Gefrierbeutel oder Folie gewickelt tiefkühlen (halten 3–4 Monate). Kaufen Sie also beim nächsten Besuch im Asienladen gleich eine größere Menge für den Vorrat. Auch die superscharfen kleinen Thai-Chilischoten halten im Gefrierschrank einige Monate. Stecken Sie sie in eine Kunststoffdose mit Deckel, aus der Sie sie einzeln entnehmen können. Sind mal keine zur Hand, können

Sie Ihrem Salat zur Not auch mit Harissa oder Sambal Oelek (Chilipasten aus dem Glas oder aus der Tube) den nötigen Pep verleihen, beide halten im Kühlschrank gut ein Jahr. Weniger empfehlenswert ist nach meiner Erfahrung püriertes Zitronengras aus dem Glas, dessen Aroma mit frischen Stängeln nicht mithalten kann.

Teriyaki-Sauce, Fischsauce, Sojasauce und Co. bekommen Sie im Asienladen. Die angebrochenen Flaschen halten im Kühlschrank gut ein Jahr. Wer nicht regelmäßig asiatisch kocht, ist mit den kleinsten Fläschchen am besten beraten. Auch exotische trockene Gewürze wie Kreuzkümmel und Koriander sollten Sie in möglichst kleinen Packungsgrößen kaufen. Ganze Samen halten im Schraubglas kühl und dunkel gelagert etwa ein Jahr. Gemahlene Gewürze büßen schon nach einigen Monaten an Aroma ein. Sie sind danach nicht verdorben, verlieren aber ihre Würzkraft.

Tauschen erlaubt

Exotische Saucen und Gewürze können Sie immer zu Hause haben. Anders verhält es sich mit frischen Kräutern. Koriandergrün und Minze sind beliebte Würzkräuter der asiatischen wie orientalischen Küche. Ersteres lässt sich gut durch Petersilie ersetzen, auch wenn sich beide im Geschmack deutlich unterscheiden, Minze dagegen gibt dem Salat oft den entscheidenden Geschmackskick. Im Notfall passt aber vielleicht dennoch frisches Basilikum? Oder fein geschnittenes Frühlingszwiebelgrün? Probieren Sie es einfach aus – Ihr Salat bekommt dadurch zwar eine andere Nuance, aber die muss nicht schlechter sein!

Zurzeit sind im näheren Umkreis partout keine Granatäpfel zu bekommen? Versuchen Sie doch ersatzweise mal heimische Rote Johannisbeeren oder reife, duftende Himbeeren. Damit wird der Gurkensalat von Seite 121 anders, aber ebenfalls sehr lecker schmecken. Von Pomelos hat der Gemüsehändler in Ihrer Kleinstadt noch nie etwas gehört? Oder er führt sie nicht, weil die Nachfrage zu gering ist? Dann ersetzen Sie sie durch rosa Grapefruit, die harmonieren ebenso gut mit Hähnchenfleisch und der fruchtigen thailändischen Tamarindensauce (siehe Seite 147). In Thailand gibt es grüne Papayas an jeder Ecke, bei uns sind sie oft schwer oder nur zu horrenden Preisen erhältlich. Warum den scharfen Thai-Salat (siehe Seite 133) also nicht mal mit grünen harten, weil unreifen Mangos zubereiten? Oder mit fein gehobeltem Weißkohl? Was ich damit sagen will: Hängen Sie nicht sklavisch an den Rezepten, sondern seien Sie kreativ! Das mache ich ebenso: Wenn ich eine Zutat nicht bekomme, probiere ich einfach etwas Vergleichbares – dabei entstehen oft die interessantesten neuen Kompositionen. Und wenn die geschmacksgebenden Zutaten mal gar nicht aufzutreiben sind, können Sie immer noch auf einen anderen Salat ausweichen. Die Rezepte auf den folgenden Seiten werden es Ihnen leicht machen, passenden Ersatz zu finden.

Chili, Zitronengras und Koriandergrün verleihen Ihren Asia-Salaten das gewisse Etwas – die richtige Würze macht's.

Gurken-Granatapfel-Salat mit Minze

Die Granatapfelkerne verleihen dem orientalischen Gurkensalat Biss und eine einzigartig fruchtige Note.

ZUBEREITUNG: 30 MINUTEN
FÜR 4 PERSONEN

Zutaten

Für den Salat

1 Granatapfel
1 große Salatgurke
1 rote Zwiebel
½ Bund frische Minze

Für das Dressing

Salz | Zucker | 2 EL Granatapfelessig
(siehe Seite 21 oder fertig gekauft)
2 EL Rapsöl
2 EL Minzöl (siehe Seite 25)

Vom Granatapfel den Blütenansatz herausschneiden und die Frucht in zwei Hälften brechen. Die Kerne über einer Schüssel herauslösen, den Saft dabei auffangen. Die weißen Stückchen der Trennwände sorgfältig aussortieren, denn sie sind hart und bitter.

Die Salatgurke schälen, längs halbieren, die Kerne herauskratzen (geht am besten mit einem Kugelausstecher) und die Hälften zu Halbmonden schneiden. Die Zwiebel schälen, längs halbieren und die Hälften in feine Spalten schneiden. Die Minze waschen, trocken schütteln und die Blättchen abzupfen.

Den aufgefangenen Granatapfelsaft (etwa zwei Esslöffel) mit je einem Drittel Teelöffel Salz und Zucker und dem Granatapfelessig verrühren, bis sich die Kristalle gelöst haben. Die beiden Ölsorten unterschlagen.

Gurke, Zwiebel, Granatapfelkerne und Minzeblätter mit dem Dressing mischen und vier Schalen füllen. Mit knusprigem Fladenbrot servieren.

❚ VARIANTE: *Wer keinen Granatapfelessig im Vorrat hat, ersetzt ihn durch* **Himbeeressig.**

❚ SERVIERTIPP: *Der Salat schmeckt als sommerliche Vorspeise oder mit dem orientalisch* **gewürzten Lammrückenfilet** *von Seite 152 als Hauptgericht.*

Kichererbsen-Spinat-Salat mit Tahin-Dressing

Die orientalische Sesampaste Tahin verleiht dem Dressing ein samtig-nussiges Aroma.

EINWEICHEN: 12 STUNDEN
ZUBEREITUNG: 1 STUNDE
DURCHZIEHEN: 1 STUNDE
FÜR 4 PERSONEN

Zutaten

Für den Salat

200 g getrocknete Kichererbsen
etwa 1 l Gemüsebrühe
250 g Babyspinat
1 Bund Frühlingszwiebeln
1–2 Knoblauchzehen
2 EL Olivenöl
Salz | Pfeffer

Für das Dressing

150 g Joghurt | 1 EL Tahin (Sesampaste aus dem Orient- oder Bioladen)
2 EL Zitronensaft
1 TL gemahlener Kreuzkümmel
1 EL Olivenöl | Salz | Pfeffer

Die Kichererbsen mindestens 12 Stunden (am besten über Nacht) in kaltem Wasser einweichen. Dann die aufgequollenen Kichererbsen abgießen, in einem Topf mit der Gemüsebrühe bedecken und in etwa 45 Minuten zugedeckt weich kochen. In ein Sieb abgießen, abtropfen und abkühlen lassen. Die Häutchen, die sich ablösen, entfernen.

Den Spinat waschen, verlesen und in einem Sieb abtropfen lassen. Die Frühlingszwiebeln putzen, waschen und, weiße und grüne Teile getrennt, in feine Ringe schneiden. Den Knoblauch schälen und fein hacken. Das Olivenöl in einem Topf erhitzen, weiße Frühlingszwiebeln, Knoblauch und Spinat darin 2–3 Minuten unter Rühren dünsten, bis der Spinat zusammengefallen ist. Mit Salz und Pfeffer würzen. Abkühlen lassen.

Für das Dressing Joghurt, Tahin, Zitronensaft, Kreuzkümmel und Öl in einer Schüssel glatt verrühren. Mit den Kichererbsen, der Spinat-Zwiebel-Mischung und dem Frühlingszwiebelgrün vermengen und mit Salz und Pfeffer abschmecken. Zugedeckt 1 Stunde bei Raumtemperatur durchziehen lassen. Dazu schmeckt Fladenbrot.

▌ VARIANTE: *Für einen **Kichererbsen-Tomaten-Salat** ersetzen Sie den Spinat durch 250 Gramm halbierte Kirschtomaten und ein Bund in mundgerechte Stücke gezupfte Rucolablätter und machen den Salat mit dem Tomaten-Dressing von Seite 102 an.*

Tomaten-Gurken-Raita

Dieser frische Joghurtsalat ist indisch inspiriert und passt gut zu kurz gebratenem Fleisch.

ZUBEREITUNG: 20 MINUTEN
FÜR 4 PERSONEN

Zutaten

Für den Salat

1 Salatgurke | 4 feste Tomaten
(beispielsweise Eiertomaten)
1 weiße Zwiebel
3 Stängel frische Minze
1 TL Olivenöl
1 EL schwarze Senfsamen (Asienladen)

Für das Dressing

250 g Joghurt
½ TL Garam masala
(indische Würzmischung aus dem
Asienladen)
Salz | Zucker | 2 EL Zitronensaft
2 EL Olivenöl

Die Gurke schälen, längs halbieren und die Kerne herauskratzen. Die Gurkenhälften in etwa einen halben Zentimeter große Würfel schneiden. Die Tomaten waschen und ebenso klein würfeln. Die Zwiebel schälen und fein hacken. Die Minze waschen und trocken schütteln, die Blätter fein schneiden.

Für das Dressing den Joghurt mit Garam masala, einem Drittel Teelöffel Salz und einer Prise Zucker verrühren. Den Zitronensaft und das Olivenöl untermischen und alle vorbereiteten Zutaten unterheben.

Einen Teelöffel Öl in einem Pfännchen erwärmen, die Senfsamen dazugeben und so lange bei schwacher Hitze rösten, bis sie zu springen anfangen. Heiß unter die Raita ziehen und mit Fladenbrot servieren.

Auberginen-Joghurt-Salat

Kreuzkümmel und Knoblauch verleihen dem Salat einen orientalischen Touch.

ZUBEREITUNG: 45 MINUTEN
FÜR 4 PERSONEN

Zutaten

Für den Salat

2 Auberginen (etwa 600 g) | Salz
4 feste kleine Tomaten
(beispielsweise Eiertomaten)
1 Bund Petersilie | 1 Knoblauchzehe
6 EL Olivenöl
1 TL gemahlener Kreuzkümmel

Für das Dressing

200 g griechischer Joghurt (10 % Fett)
2 EL Zitronensaft | 1 Knoblauchzehe
Salz | Pfeffer | Zucker

Die Auberginen waschen und ohne die Stielansätze in etwa einen Zentimeter große Würfel schneiden. In einem Sieb mit reichlich Salz bestreuen und 10 Minuten Wasser ziehen lassen. Inzwischen die Tomaten waschen, von den Stielansätzen befreien und klein schneiden. Die Petersilie waschen und trocken schütteln, die Blätter fein schneiden. Den Knoblauch schälen und fein hacken.

Die Auberginenwürfel ausdrücken und mit Küchenpapier trocken tupfen. Jeweils drei Esslöffel Olivenöl in einer Pfanne erhitzen und die Auberginen darin in zwei Portionen unter Rühren 4–5 Minuten braten. Mit je der Hälfte des gehackten Knoblauchs und des Kreuzkümmels würzen. Herausnehmen und lauwarm abkühlen lassen.

Für das Dressing Joghurt und Zitronensaft in einer Schüssel verrühren. Den Knoblauch schälen und dazupressen. Mit Salz, Pfeffer und einer Prise Zucker abschmecken. Auberginen, Tomaten und Petersilie untermischen und mit Weißbrot servieren.

Gegrillter Paprikasalat mit Olivenvinaigrette

Mittlerweile nicht mehr ganz so exotisch wie die Salate aus Fernost, aber immer wieder lecker.

ZUBEREITUNG: 40 MINUTEN
DURCHZIEHEN: 1 STUNDE
FÜR 4 PERSONEN

Zutaten

Für den Salat

1 kg rote und gelbe Paprikaschoten

Für das Dressing

1 unbehandelte Zitrone
30 schwarze Oliven
1 Knoblauchzehe | ½ Bund Petersilie
3 Zweige frischer Thymian
2 EL weißer Balsamicoessig
½ TL Fleur de Sel | Zucker
Pfeffer (nach Belieben)
8 EL kalt gepresstes Olivenöl

Die Paprikaschoten waschen und auf dem Blech im Backofen bei 220 °C von allen Seiten grillen, bis die Haut schwarze Blasen bekommt. Herausnehmen, mit einem feuchten Tuch abdecken und abkühlen lassen, bis man sie anfassen kann.

Inzwischen die Zitrone heiß abwaschen, abtrocknen und die Schale mit einem Zestenreißer in feinen Spänen abziehen. Anschließend zwei Esslöffel Zitronensaft auspressen. Die Oliven entsteinen und fein würfeln. Den Knoblauch schälen und fein hacken. Petersilie und Thymian waschen und trocken schütteln, die Blätter abzupfen und fein schneiden.

Den Zitronensaft mit dem Essig, Fleur de Sel und einer Prise Zucker verrühren, bis sich beide aufgelöst haben. Nach Belieben Pfeffer dazumahlen und das Öl unterschlagen. Die Olivenwürfel, die Kräuter und die Zitronenzesten unterrühren.

Die Stiele aus den abgekühlten Paprikaschoten herausziehen, die Samen und weißen Scheidewände entfernen. Die Schoten häuten, in breite Streifen schneiden und auf einer Platte anrichten. Die Olivenvinaigrette darüberträufeln und den Salat zugedeckt 1 Stunde durchziehen lassen. Mit knusprigem Weißbrot servieren.

❚ VARIANTEN: *Wenn der Salat etwas üppiger ausfallen soll, bröseln Sie vor dem Servieren 200 Gramm* **Schafskäse** *darüber. Für eine schnelle Variante verwenden Sie* **gegrillte, in Öl eingelegte Paprikaschoten** *aus dem Glas, die Sie in einem Sieb abtropfen lassen und vor dem Anrichten mit Küchenpapier trocken tupfen.*
Von der Optik her nicht ganz so ansprechend, aber ebenfalls schmackhaft: Verrühren Sie für das Dressing zwei Esslöffel **Tapenade** *(französische Olivenpaste aus dem Glas) mit zwei Esslöffeln Zitronensaft und sechs Esslöffeln Olivenöl und träufeln Sie diese Mischung über die gegrillten Paprikaschoten.*

❚ SCHON GEWUSST? *Auch wenn es etwas mühsam erscheint: Nehmen Sie unbedingt* **Oliven mit Stein** *und entfernen Sie die Steine selber, bereits entsteinte Oliven sind lange nicht so aromatisch.*

Orangensalat
mit Räuchermakrele

Für den spanischen Klassiker verwendet man üblicherweise Stockfisch. Mit geräucherter Makrele schmeckt der Salat, wie ich finde, noch mal so gut!

ZUBEREITUNG: 25 MINUTEN
DURCHZIEHEN: 1 STUNDE
FÜR 4 PERSONEN

Zutaten

Für den Salat

6 große Orangen
1 große weiße Zwiebel
3 Räuchermakrelenfilets (etwa 300 g)

Für das Dressing

¼ TL gemahlener Kreuzkümmel
Salz | Cayennepfeffer
2 EL mildes Olivenöl

Die Orangen so schälen, dass auch die bittere weiße Innenhaut entfernt ist. Die Orangen in dünne Scheiben schneiden, den Saft auffangen. Die Orangenscheiben halbieren. Die Zwiebel schälen und in feine Ringe schneiden.

Die Makrelenfilets von der Haut befreien, das überschüssige Fett abkratzen und das Fischfleisch in Stücke pflücken.

Für das Dressing vom aufgefangenen Orangensaft vier Esslöffel abnehmen und in einer Schüssel mit dem Kreuzkümmel und je einer Prise Salz und Cayennepfeffer verrühren. Das Öl unterschlagen. Orangen, Zwiebeln und Fischstücke vorsichtig untermischen und alles 1 Stunde durchziehen lassen.

Den Salat auf vier Schalen oder Teller verteilen und mit knusprigem Weißbrot servieren. Dazu passt ein nicht zu trockener Weißwein.

▌ VEGETARISCHE VARIANTE: *Statt der Räuchermakrele für einen* **Orangensalat mit Oliven** *120 Gramm getrocknete schwarze Oliven unter den Orangensalat mischen und 2 Stunden durchziehen lassen. Die getrockneten Oliven saugen sich mit der fruchtigen Marinade voll und schmecken einfach unvergleichlich.*

Scharfer Möhrensalat mit Garnelenspießen

Im trendigen Gläschen ein leckerer Partysnack, in doppelter Portion eine tolle Vorspeise.

ZUBEREITUNG: 30 MINUTEN
FÜR 4–8 PERSONEN

Zutaten

Für den Salat

1 Bund Koriandergrün
2 EL Zitronengras-Chili-Öl
(siehe Seite 31)
250 g gegarte Garnelen
(Gambas; aus der Kühltheke)
500 g knackige Bundmöhren
2 Frühlingszwiebeln
1 große grüne Chilischote

Für das Dressing

4 EL Zitronensaft
⅓ TL Salz | Zucker
4 EL Sonnenblumenöl

Außerdem

8 Holzspieße (12 cm lang)

Das Koriandergrün waschen, trocken schütteln, von drei oder vier Stielen die Blättchen abzupfen (den Rest beiseitelegen) und fein hacken. In einer kleinen Schüssel mit dem Zitronengras-Chili-Öl verrühren und die Garnelen darin einlegen.

Die Bundmöhren vom Grün befreien, schälen und grob raspeln. Die Frühlingszwiebeln putzen, waschen und schräg in feine Ringe schneiden. Die Chilischote längs aufschneiden, von den Samen befreien, waschen und fein schneiden. Vom übrigen Koriandergrün die Blättchen abzupfen.

Für das Dressing den Zitronensaft mit dem Salz und einer Prise Zucker verrühren und das Öl unterschlagen. Möhrenraspel, Frühlingszwiebeln, Chili und Korianderblättchen untermischen.

Die Garnelen auf die Spieße stecken. Den Salat auf acht Gläser oder vier Schalen verteilen und je einen bzw. zwei Garnelenspieße darauflegen.

▌ VEGETARISCHE VARIANTE: *Die Garnelenspieße weglassen, dafür 200 Gramm klein gewürfelte frische **Ananas** unter den Möhrensalat mischen und diesen vor dem Servieren mit **gerösteten Mandelstiften** bestreuen.*

Grüner Papayasalat

Dieser Thai-Klassiker ist ein ausgezeichneter Auftakt zu einem asiatischen Menü.

ZUBEREITUNG: 30 MINUTEN
FÜR 4 PERSONEN

Zutaten

Für den Salat

1 mittelgroße grüne Papaya
(siehe Schon gewusst?)
10 Kirschtomaten
80 g geröstete, gesalzene Erdnüsse

Für das Dressing

2 Knoblauchzehen
3–4 kleine rote Chilischoten
2 EL Fischsauce | 5 EL Limettensaft
1 EL Palmzucker oder brauner Zucker

Die Papaya schälen, halbieren, die unreifen Kerne herauskratzen und entfernen. Das Fruchtfleisch grob raspeln. Die Kirschtomaten waschen und klein schneiden.

Für das Dressing den Knoblauch schälen und hacken. Die Chilischoten waschen und samt Samen klein schneiden. Chili und Knoblauch in den Mörser geben und fein zerstoßen. Die Hälfte der Erdnüsse dazugeben und grob zerstoßen. Fischsauce, Limettensaft und Zucker untermischen. Nach und nach die Papayaraspel und Tomaten dazugeben und alles unter leichtem Stampfen vermischen, damit sich die Aromen gut verbinden.

Den Papayasalat auf vier Schalen verteilen. Die übrigen gerösteten Erdnüsse grob hacken und darüberstreuen.

▌ TIPPS: *Fischsauce wird in asiatischen Gerichten gerne als Salzersatz verwendet. Das fischartige Aroma verliert sich beim Kochen, allerdings ist sie in einem Salatdressing nicht jedermanns Sache. Wer sich gar nicht damit anfreunden kann, lässt sie weg und schmeckt den Papayasalat mit Salz ab.*
Die kleinen Thai-Chilischoten haben es in sich. Wer es nicht allzu scharf liebt, ersetzt sie besser durch eine große grüne Chilischote und entfernt vor dem Zerstampfen die Samen und weißen Trennhäutchen.

▌ SCHON GEWUSST? *Grüne Papayas sind unreife Früchte, die in Thailand für Salat verwendet werden. Sie bekommen sie, ebenso wie die übrigen für das Rezept benötigten Zutaten, im Asienladen. Alternativ kann man auch harte, unreife Mangos für dieses Rezept verwenden.*

Sesam-Nudel-Salat
mit Chiligarnelen

Eine oder gleich drei Chilischoten? Das bleibt ganz Ihrem Geschmack überlassen!

ZUBEREITUNG: 30 MINUTEN
FÜR 4 PERSONEN

Zutaten

Für den Salat

300 g rohe Riesengarnelen
(küchenfertig geschält)
2 Knoblauchzehen
1–3 kleine rote Thai-Chilischoten
1 Stängel Zitronengras | ¼ TL Kurkuma
¼ TL Salz | ¼ TL Zucker | 3 EL Sojaöl
250 g Mie-Nudeln (siehe Schon gewusst?)
1 Bund Frühlingszwiebeln
½ Bund Koriandergrün
1 EL geschälter Sesam

Für das Dressing

2 EL Limettensaft | Salz | Zucker
1 EL geröstetes Sesamöl | 3 EL Sojaöl

Die Riesengarnelen am Rücken einritzen und den Darmfaden entfernen. Den Knoblauch schälen und etwas zerkleinern. Die Chilischoten waschen, den Stiel entfernen und die Schoten fein hacken. Das Zitronengras von den äußeren harten Blättern befreien und das untere Drittel fein schneiden. Knoblauch, Chili und Zitronengras mit Kurkuma, Salz und Zucker im Mörser fein zerstampfen und zwei Esslöffel von dem Sojaöl unterrühren. Die Garnelen in der Marinade wenden und beiseitestellen.

Die Mie-Nudeln in eine Schüssel geben, mit kochendem Wasser übergießen und 4 Minuten ziehen lassen. Dann in ein Sieb abgießen und abtropfen lassen. Die Frühlingszwiebeln putzen, waschen und fein schneiden. Das Koriandergrün waschen, trocken schütteln und die Blätter von den Stielen zupfen.

Für das Dressing den Limettensaft mit einem Viertel Teelöffel Salz und einer Prise Zucker verrühren und die beiden Ölsorten unterschlagen. Nudeln, Frühlingszwiebeln und Korianderblättchen untermischen.

Die Sesamsamen in einer Pfanne ohne Fett rösten, herausnehmen. Einen Esslöffel Sojaöl in die Pfanne geben und die Garnelen darin 3–4 Minuten braten. Unter den Salat mischen und den gerösteten Sesam darüberstreuen.

▌SCHON GEWUSST? *Die spiralförmigen chinesischen Mie-Nudeln werden aus Weizenmehl, mit oder ohne Ei, hergestellt und zu Päckchen gepresst angeboten. Sie müssen nicht gekocht werden, sondern sollen nur einige Minuten in kochend heißem Wasser ziehen.*

Rettichsalat mit gegrilltem Teriyaki-Thunfisch

Japanische Teriyaki-Sauce aus dem Asienladen verleiht dem Thunfisch eine feine Würze.

ZUBEREITUNG: 30 MINUTEN
FÜR 4 PERSONEN

Zutaten

Für den Salat

1 großer weißer Rettich (etwa 500 g)
Salz
2 Scheiben sehr frischer Thunfisch
(je etwa 200 g)
3 EL Teriyaki-Sauce (für Fisch)
1 Salatgurke
etwa 1 EL neutrales Pflanzenöl

Für das Dressing

1 Bund Schnittlauch
4 EL Weißweinessig
Salz | Zucker | 4 EL Rapsöl

Den Rettich schälen und auf dem Gemüsehobel in Scheiben schneiden. Kräftig salzen und 15 Minuten Wasser ziehen lassen. Die beiden Thunfischscheiben in der Teriyaki-Sauce wenden und beiseitestellen.

Inzwischen für das Dressing den Schnittlauch waschen, trocken schütteln und in Röllchen schneiden. Den Essig mit je einer kräftigen Prise Salz und Zucker verrühren und das Rapsöl unterschlagen. Den Schnittlauch untermischen.

Die Salatgurke waschen, nach Belieben ganz oder streifig schälen, in Scheiben hobeln und leicht salzen. Den Rettich trocken tupfen. Rettich- und Gurkenscheiben im Wechsel dachziegelartig auf vier Tellern anrichten. Das Schnittlauchdressing darüberträufeln.

Eine Grillpfanne erhitzen und die Stege mit Öl einpinseln. Den Thunfisch trocken tupfen und von jeder Seite 1 Minute bei starker Hitze anbraten. Aus der Pfanne nehmen, die Scheiben in Streifen schneiden und auf dem Rettichsalat anrichten. Sofort servieren.

▌ EINKAUFSTIPP: *Für den Thunfisch, der mit rohem Kern serviert wird, brauchen Sie absolut frische Ware. Kaufen Sie ihn nur bei einem vertrauenswürdigen Fischhändler und verlangen Sie Sushi-Qualität!*

Gurkensalat mit Saté-Spießchen und Chili-Erdnuss-Dip

Der kühlende Gurkensalat ist ein wunderbares Gegengewicht zur nussigen Schärfe des Dips.

ZUBEREITUNG: 30 MINUTEN
MARINIEREN: 30 MINUTEN
FÜR 4 PERSONEN

Zutaten

Für die Saté-Spießchen

1 unbehandelte Zitrone | 1 Knoblauchzehe
1 TL Zucker | ⅓ TL Salz
¼ TL Chiliflocken | 1 EL Sesamöl
300 g Schweineschnitzel
Öl für die Spieße und zum Braten

Für den Erdnuss-Dip

3 EL Erdnussbutter (crunchy)
1 EL Zitronensaft | 2 EL Joghurt
Salz | Chiliflocken

Für den Gurkensalat

1 große Salatgurke | Salz | Zucker
2 EL Reisessig | 2 EL Sonnenblumenöl

Außerdem

12 Holzspieße (15 cm lang)

Für die Spießchen die Zitrone heiß abwaschen, abtrocknen und einen Teelöffel Schale abreiben. Den Knoblauch schälen und durchpressen. Beides in einer Schüssel mit Zucker, Salz, Chiliflocken und Sesamöl verrühren. Die Schweineschnitzel kalt abwaschen, trocken tupfen, in dünne Streifen schneiden und in der Würzmischung wenden. Zugedeckt 30 Minuten marinieren.

Inzwischen für den Dip die Erdnussbutter mit dem Zitronensaft und dem Joghurt verrühren. Mit zwei bis drei Esslöffeln Wasser zu einem cremigen Dip verrühren, mit Salz und Chiliflocken würzig abschmecken und in vier kleine Schälchen füllen.

Die Gurke streifig schälen und in Scheiben schneiden. Je eine kräftige Prise Salz und Zucker mit dem Reisessig verrühren und das Sonnenblumenöl unterschlagen. Die Gurkenscheiben in dem Dressing wenden.

Die Holzspießchen einölen. Jeweils ein bis zwei Fleischstreifen wellenförmig auf ein Spießchen stecken. Eine Grillpfanne erhitzen, die Stege mit Öl einpinseln und die Spießchen darin von jeder Seite 2 Minuten braten.

Die Gurkenscheiben mit den Dip-Schälchen auf vier Tellern anrichten und je drei Saté-Spießchen darauflegen.

▌VARIANTE: *Sie können die Spießchen natürlich auch mit **Hähnchenbrustfilet** zubereiten.*

Süßkartoffelsalat mit Ahornvinaigrette

Der würzig-süße Kartoffelsalat ist eine ausgezeichnete Beilage zum Thanksgiving-Truthahnbraten oder auch zum kurz gebratenen Schweine- oder Putenschnitzel.

ZUBEREITUNG: 45 MINUTEN
FÜR 4 PERSONEN

Zutaten

Für den Salat

800 g Süßkartoffeln
50 g Pekannüsse

Für das Dressing

1 Bund Frühlingszwiebeln
4 EL Apfelessig | 1 EL Ahornsirup
Salz | Cayennepfeffer
4 EL Orientalisches Gewürzöl
(siehe Seite 28)

Die Süßkartoffeln waschen, in einem Topf mit Wasser bedecken und in etwa 30 Minuten weich kochen. Inzwischen die Pekannüsse grob hacken.

Für das Dressing die Frühlingszwiebeln putzen, waschen und in feine Ringe schneiden. Den Essig in einer Schüssel mit dem Ahornsirup und je einer kräftigen Prise Salz und Cayennepfeffer verrühren. Das Öl unterschlagen und die Frühlingszwiebeln untermischen.

Die Süßkartoffeln abgießen, ausdampfen und lauwarm abkühlen lassen. Anschließend pellen, in etwa einen Zentimeter große Würfel schneiden und leicht salzen. Die Süßkartoffelwürfel unter das Dressing mengen und die Pekannüsse daraufstreuen.

▎ VARIANTE: *Das orientalische Gewürzöl verleiht dem Salat eine reizvolle Note. Wer keines im Vorrat hat, mischt mit Salz und Cayennepfeffer ein Drittel Teelöffel* **Lebkuchengewürz** *unter das Dressing und ersetzt das Öl durch Rapsöl.*

▎ SCHON GEWUSST? *Süßkartoffeln, auch Bataten genannt, sind nicht mit der Kartoffel verwandt. Die stärkereichen, leicht süß schmeckenden Wurzelknollen können aber genauso zubereitet, also für Salat, Aufläufe, Currys, Püree oder Gratins verwendet werden. Die bei uns vom Frühsommer bis in den Winter hinein erhältlichen Süßkartoffeln kommen meist aus Brasilien oder Israel.*

Salat mit Mais und Honighähnchen

Der farbenfrohe gemischte Salat ist etwas für Auge und Gaumen und durch das zarte Hähnchenbrustfilet wird er zu einer kompletten Mahlzeit.

ZUBEREITUNG: 25 MINUTEN
FÜR 4 PERSONEN

Zutaten

Für den Salat

2 Hähnchenbrustfilets (je etwa 180 g)
Salz | Cayennepfeffer
2 EL neutrales Planzenöl
1 EL Honig | 1 Kopf Eisbergsalat
1 kleiner Kopf Radicchio
1 kleine Salatgurke
4 feste Tomaten
1 rote oder gelbe Paprikaschote
1 Dose Maiskörner (285 g Abtropfgewicht)

Für das Dressing

4 EL Rotweinessig | Salz | Pfeffer
1 TL mittelscharfer Senf | 1 TL Honig
6 EL Sonnenblumenöl

Die Hähnchenbrustfilets kalt abwaschen und trocken tupfen, mit Salz und Cayennepfeffer würzen. Das Öl in einer Pfanne erhitzen und das Fleisch darin bei mittlerer Hitze von jeder Seite 4–5 Minuten braten. Nach der Hälfte der Zeit den Honig darüberträufeln und die Filets noch einige Male wenden, damit das Fleisch rundherum eine schöne goldbraune Farbe bekommt, aber nicht verbrennt. Aus der Pfanne nehmen und lauwarm abkühlen lassen.

Den Eisbergsalat und den Radiccio putzen, waschen, in mundgerechte Stücke zupfen und zusammen trocken schleudern. Die Salatgurke nach Belieben schälen und in Scheiben schneiden. Die Tomaten waschen und achteln. Die Paprikaschote putzen, waschen und in Streifen schneiden. Den Mais in ein Sieb abgießen und abtropfen lassen.

Für das Dressing den Essig in einer Salatschüssel mit je einem halben Teelöffel Salz und frisch gemahlenem Pfeffer, dem Senf und dem Honig verrühren und das Öl unterschlagen. Salat, Gurke, Tomaten, Paprika und Mais dazugeben und gut durchmischen.

Die Brustfilets quer in Scheiben schneiden. Den Salat auf vier Teller verteilen und das Hähnchenfleisch darauf anrichten. Sofort mit Baguette servieren.

▌VARIANTEN: *Wenn's abends nach der Arbeit schnell gehen muss, nehmen Sie auf dem Nachhauseweg ein kleines* **Grillhähnchen** *aus der Braterei um die Ecke mit, entfernen die Haut, lösen das Fleisch von den Knochen, zupfen es in mundgerechte Stücke und mischen es unter den Salat.*
Für eine vegetarische Variante zwei Kugeln **Mozzarella** *(je 125 Gramm) abtropfen lassen, würfeln und unter den Salat mischen. Statt Rotweinessig können Sie dann für das Dressing auch je zwei Esslöffel weißen und dunklen* **Balsamicoessig** *verwenden.*

Grüner Bohnensalat mit Ingwerhähnchen

Ein klassischer Bohnensalat mit asiatisch gewürztem Hähnchenfleisch – Fusion-Küche par excellence.

ZUBEREITUNG: 45 MINUTEN
DURCHZIEHEN: 2 STUNDEN
FÜR 4 PERSONEN

Zutaten

Für den Salat

2 Hähnchenbrustfilets (je etwa 150 g)
1 Knoblauchzehe
5 g kandierter Ingwer
¼ TL Cayennepfeffer
1 TL geröstetes Sesamöl
400 g Kenia-Bohnen (ersatzweise grüne Bohnen) | Salz | Eiswürfel
2 EL neutrales Pflanzenöl

Für das Dressing

2 Schalotten | 2 EL Weißweinessig
⅓ TL Fleur de Sel | ½ TL Dijonsenf
Zucker | Pfeffer | 4 EL Rapsöl

Die Hähnchenbrustfilets kalt abwaschen und trocken tupfen. Den Knoblauch schälen und fein hacken. Mit dem kandierten Ingwer im Mörser fein zerstoßen, Cayennepfeffer und Sesamöl unterrühren. Die Hähnchenbrüste damit einreiben und zugedeckt beiseitestellen.

Die Bohnen waschen und putzen. In einem Topf Wasser aufkochen, kräftig salzen und die Bohnen darin in etwa 8 Minuten bissfest kochen. Durch ein Sieb abgießen und sofort in Eiswasser geben, damit sie ihre schöne grüne Farbe behalten. Herausnehmen und gut abtropfen lassen.

Für das Dressing die Schalotten schälen und fein würfeln. In einer Schüssel den Essig mit einem Esslöffel warmem Wasser und dem Fleur de Sel verrühren, bis es sich aufgelöst hat. Den Senf, je eine Prise Zucker und Pfeffer unterrühren und das Rapsöl unterschlagen, bis eine cremige Emulsion entsteht. Schalottenwürfel und Bohnen unterheben und etwa 2 Stunden zugedeckt durchziehen lassen.

Das neutrale Öl in einer Pfanne erhitzen. Die Hähnchenbrustfilets salzen und darin von jeder Seite bei mittlerer Hitze 4–5 Minuten braten. Abkühlen lassen.

Den Bohnensalat auf vier Teller oder Schalen verteilen. Die Hähnchenbrustfilets quer in Scheiben schneiden und darauf anrichten.

▌TIPP: *Der kandierte Ingwer bringt eine angenehm süße Schärfe ins Spiel. Sie bekommen ihn im Bioladen, der Rest schmeckt auch lecker als Knabberei. Sie können für die Hähnchenmarinade aber auch ein walnussgroßes Stück frischen Ingwer verwenden, schälen und mit dem Knoblauch und einem halben Teelöffel Zucker im Mörser zerstoßen.*

Pomelo-Hähnchen-Salat mit Tamarinden-Dressing

Kennen Sie Pomelos? Die exotischen Zitrusfrüchte mit der hellgrünen Schale schmecken fruchtig-süß und nur ganz leicht bitter – unbedingt probieren!

ZUBEREITUNG: 45 MINUTEN
FÜR 4 PERSONEN

Zutaten

Für den Salat

50 g Kokosraspel
50 g geröstete Erdnüsse
1 kleines Grillhähnchen (fertig gekauft)
2 Pomelos (je etwa 400 g) | 6 Schalotten
250 g gegarte Garnelen (Party-Gambas; aus der Kühltheke)

Für das Dressing

25 g gepresste Tamarinde
(siehe Schon gewusst?)
2 EL neutrales Pflanzenöl
2 EL Palmzucker
4 EL helle Sojasauce | 6 EL Limettensaft

Die gepresste Tamarinde für das Dressing 10 Minuten in 100 Milliliter lauwarmem Wasser einweichen. Für den Salat die Kokosraspel ohne Fett in einer Pfanne goldbraun rösten und beiseitestellen. Die Erdnüsse im Mörser grob zerstoßen.

Das Hähnchen abkühlen lassen, die Haut entfernen, das Fleisch von den Knochen lösen und in mundgerechte Stücke zupfen. Die Pomelos schälen und in Spalten teilen. Das Fruchtfleisch aus den Häutchen befreien und in mundgerechte Stücke zerpflücken. Die Schalotten schälen, längs halbieren und in feine Spalten schneiden.

Für das Dressing die eingeweichte Tamarinde durchkneten, den so gewonnenen Saft abseihen und die Kerne und ausgedrückten Fasern wegwerfen. Das Öl in einer Pfanne erhitzen und zuerst die Schalotten darin goldbraun und knusprig braten. Herausnehmen und auf Küchenpapier abtropfen lassen. Den Tamarindensaft in die Pfanne gießen, den Palmzucker dazugeben und beides zusammen 3 Minuten bei starker Hitze einkochen lassen.

Die Tamarindensauce in eine Schüssel gießen, den Limettensaft und die Sojasauce unterrühren. Hähnchenfleisch, Pomelostückchen, Garnelen und Kokosraspel hinzufügen und sorgfältig untermischen. Den Salat auf vier Schalen verteilen und mit zerstoßenen Erdnüssen und gerösteten Schalottenspalten bestreuen.

▌ SERVIERTIPP: *Richten Sie den Salat doch in den Pomeloschalenhälften an – ein echter Hingucker! Dazu die Pomelos durch einen Zickzackschnitt mittig in zwei Hälften teilen und die Schalenhälften vorsichtig im Ganzen ablösen. Das sollte nicht allzu lange vor dem Servieren geschehen, damit die Ränder nicht unansehnlich trocken werden.*

▌ SCHON GEWUSST? *Frisch bekommt man die schotenförmigen, braunschaligen Früchte des Tamarindenbaums bei uns kaum. Das säuerliche Fruchtfleisch wird aber getrocknet und zu Blöcken gepresst aus Thailand exportiert und in unseren Asienläden angeboten. Einweichen, ausdrücken, fertig! Nehmen Sie lieber nicht die Paste im Glas, sie ist vom Aroma her nicht zu vergleichen.*

Rindfleischsalat mit Thai-Spargel und Sprossen

Vom Tellerfleisch ist etwas übrig geblieben? Dann zaubern Sie daraus doch diesen raffinierten asiatischen Salat.

ZUBEREITUNG: 25 MINUTEN
(OHNE RINDFLEISCHGARZEIT)
DURCHZIEHEN: 1 STUNDE
FÜR 4 PERSONEN

Zutaten

Für den Salat

200 g Thai-Spargel | Salz | Eiswürfel
400 g gekochtes Rindfleisch
3 Frühlingszwiebeln
1 gelbe Paprikaschote
50 g Alfalfasprossen

Für das Dressing

3 EL Limettensaft | Salz | Zucker
4 EL Zitronengras-Chili-Öl (siehe Seite 31)
4 Salatblätter zum Anrichten

Den Spargel waschen, gebündelt auf die Arbeitsfläche legen, die Enden abschneiden und wegwerfen und die Stangen quer halbieren. In einem Topf Wasser aufkochen, salzen und den Spargel darin in 3–4 Minuten bissfest kochen. Herausnehmen und sofort in Eiswasser geben, damit er seine schöne Farbe behält.

Das Rindfleisch quer zur Faser in Scheiben und diese in Streifen schneiden. Die Frühlingszwiebeln putzen, waschen und schräg in feine Ringe schneiden. Die Paprikaschote von Stiel, Samen und weißen Scheidewänden befreien, waschen und fein würfeln.

Den Limettensaft in einer Schüssel mit je einer kräftigen Prise Salz und Zucker verrühren und das Öl unterschlagen. Die vorbereiteten Zutaten untermischen und 1 Stunde durchziehen lassen.

Zum Servieren die Sprossen in einem Sieb kalt abbrausen und gut abtropfen lassen. Die Salatblätter waschen, trocken tupfen und auf Teller legen. Den Rindfleischsalat noch einmal mit Salz abschmecken, darauf anrichten und mit den Sprossen garnieren.

▌ TIPPS: *Es geht auch ohne bereits gekochtes Rindfleisch: Braten Sie wie auf Seite 111 beschrieben drei Rindersteaks, schneiden Sie diese nach der Ruhezeit in Streifen und bereiten Sie den Salat damit zu.*
Wer kein Zitronengras-Chili-Öl im Vorrat hat, ersetzt es durch Soja- oder Rapsöl und mischt eine in feine Scheiben geschnittene **große grüne Chilischote** *und das untere, in ganz feine Scheiben geschnittene Drittel eines Stängels* **Zitronengras** *unter den Salat.*

Spitzkohlsalat mit Ente und Chili-Limetten-Dressing

In diesem scharfen Salat vereinen sich thailändische und chinesische Aromen auf harmonische Weise.

ZUBEREITUNG: 40 MINUTEN
FÜR 4 PERSONEN

Zutaten

Für den Salat

2 kleine Entenbrustfilets (je 250 g)
1 TL Fünf-Gewürze-Pulver
(aus dem Asienladen)
Salz | 1 kleiner Kopf Spitzkohl
(etwa 500 g)

Für das Dressing

2 Knoblauchzehen
1–2 kleine rote Chilischoten
2 EL geröstete gesalzene Cashewkerne
4 EL Limettensaft | 1 TL Zucker
⅓ TL Salz
2 EL Ingwer-Limetten-Öl (siehe Seite 31)

Den Backofen samt einer ofenfesten Form aus Porzellan oder Keramik auf 80 °C vorheizen. Die Entenbrüste häuten, waschen, trocken tupfen und mit dem Fünf-Gewürze-Pulver einreiben. Eine Entenhaut in feine Streifen schneiden, in einer Pfanne bei mittlerer Temperatur knusprig ausbraten, herausnehmen und auf Küchenpapier abtropfen lassen. Die Entenbrüste salzen und im ausgelassenen Entenfett von jeder Seite 2 Minuten anbraten. Dann nebeneinander in die Form im Backofen legen und 30 Minuten garen.

Inzwischen den Spitzkohl putzen, längs vierteln, den Strunk entfernen und die Viertel in feine Streifen schneiden oder hobeln.

Für das Dressing den Knoblauch schälen und etwas zerkleinern. Die Chilischoten waschen und samt den Samen klein schneiden. Knoblauch und Chili in den Mörser geben und fein zerstoßen. Die Cashewkerne hinzufügen und grob zerstoßen. Limettensaft, Zucker, Salz und Ingwer-Limetten-Öl unterrühren. Den Spitzkohl mit dem Dressing mischen und gut durchkneten.

Die Entenbrüste aus dem Ofen nehmen und quer in dünne Scheiben schneiden. Den Spitzkohlsalat in vier Schalen füllen, die Fleischscheiben darauf anrichten und die knusprigen Entenhautstreifen darüberstreuen.

▌SCHON GEWUSST? *Fünf-Gewürze-Pulver ist eine chinesische Würzmischung aus Koriander, Zimt, Gewürznelken, Fenchelsamen und Pfeffer, die ausgezeichnet zu Entenfleisch passt. Sie bekommen es im Asienladen.*

Couscoussalat mit Lamm

Orangensaft und Minzöl verleihen dem Dressing eine raffinierte Note.

ZUBEREITUNG: 30 MINUTEN
FÜR 4 PERSONEN

Zutaten

Für den Salat

2 kleine Lammrückenfilets (je etwa 200 g)
1 Knoblauchzehe
je ½ EL Korianderkörner und
Kreuzkümmelsamen | 2 EL neutrales Öl
200 g Couscous (Instant)
200 g kleine Kirschtomaten
3–4 Frühlingszwiebeln
je ½ Bund Petersilie und Minze
Salz

Für das Dressing

Je 1 Orange und Zitrone
Salz | Cayennepfeffer
1 EL Honig | 4 EL Minzöl
(siehe Seite 25 oder Walnussöl)

Die Lammrückenfilets abwaschen und trocken tupfen. Den Knoblauch schälen und etwas zerkleinern. Mit Koriander und Kreuzkümmel im Mörser fein zerstoßen. Einen Esslöffel Öl untermischen und das Fleisch damit einreiben.

In einem Topf 200 Milliliter Wasser aufkochen, salzen und den Couscous einrühren. Zugedeckt nach Packungsangabe 5–7 Minuten quellen lassen. Dann mit einer Gabel auflockern und lauwarm abkühlen lassen.

Für das Dressing die Orange und die Zitrone auspressen, den Saft mit einem Drittel Teelöffel Salz, einem Viertel Teelöffel Cayennepfeffer und dem Honig verrühren, das Minz- oder Walnussöl unterschlagen.

Die Tomaten waschen und vierteln. Die Frühlingszwiebeln putzen, waschen und in feine Ringe schneiden. Petersilie und Minze waschen und trocken schütteln, die Blätter fein schneiden. Alles zum Dressing geben. Den abgekühlten Couscous untermischen.

Einen Esslöffel neutrales Öl in einer Pfanne erhitzen. Die Lammrückenfilets darin bei mittlerer Hitze von jeder Seite 2–3 Minuten braten, herausnehmen und 5 Minuten ruhen lassen.

Den Couscoussalat mit Salz und Cayennepfeffer abschmecken und auf vier Teller oder Schalen verteilen. Die Lammrückenfilets in Scheiben schneiden und darauf anrichten.

▌ VARIANTE: *Der Couscoussalat schmeckt natürlich auch pur. Sie können ihn für eine vegetarische Alternative noch mit* **Orangenfilets** *(von zwei Orangen) und den Kernen von einem kleinen* **Granatapfel** *anreichern.*

Partysalate

Lust auf einen *ungewöhnlichen Kartoffel-salat* mit asiatischem Touch, einen leckeren mediter-ranen Brotsalat oder einen raffinierten Linsensalat? In diesem Kapitel werden alle fündig, die fürs Som-merfest, die Geburtstagsfeier oder die Büroparty etwas *gehaltvollere Salate* für eine größere Gästeschar suchen. Daneben finden Sie hier Rezepte für aromatische Pestos, die manchen Dressings *das gewisse Etwas* verleihen. Langeweile auf dem Partybüfett war gestern, versprochen!

Für Feste und Gäste

Mal herzhaft und bodenständig, mal *raffiniert und exotisch* – in diesem Kapitel finden Sie tolle Salate fürs Partybüfett, die sich auch bestens *zum Mitbringen* eignen.

Für dieses Kapitel habe ich Ihnen eine Auswahl an klassischen, mediterranen und asiatisch inspirierten Salatrezepten zusammengestellt, die eines gemeinsam haben: Man kann sie gut vorbereiten und sie überstehen unbeschadet auch einmal ein paar Stunden auf dem Partybüfett. Das soll natürlich nicht heißen, dass Sie für Ihr Fest nicht auch andere Rezepte aus diesem Buch verwenden können. Wann immer bei einem Rezept eine gewisse Zeit zum Durchziehen eingeplant ist, ist der Salat für eine Party ebenso geeignet. Beispiele dafür sind der Rotkohlsalat von Seite 55, der Safran-Blumenkohl-Salat von Seite 65 oder der Couscoussalat von Seite 152 (schmeckt auch ohne Lammfleisch). Blattsalate dagegen eignen sich weniger, weil sie, wie Sie wissen, nach einiger Zeit zusammenfallen und dann nicht mehr ganz so appetitlich aussehen. Wenn Sie bei Ihrem Fest dennoch einen Blattsalat anbieten möchten, so mischen Sie das Dressing erst unmittelbar vor der Eröffnung des Büfetts unter und stellen die Schüssel beiseite, sobald die Frische dahin ist.

Ein weiteres Kriterium für einen »Partysalat« ist, dass er aus nicht allzu teuren Zutaten bestehen sollte und dass man ihn problemlos in größeren Mengen herstellen kann. Dies gilt für alle Kartoffel-, Nudel- und Reissalate, aber auch Salate auf der Basis von Bulgur, Couscous, Bohnen oder

Linsen gehören dazu. Damit dabei der Genuss nicht auf der Strecke bleibt, machen Sie die Salate mit einem raffinierten Dressing an.

Pesto – Würzpaste für alle Fälle

Sie haben Pesto bisher nur zur Pasta gegessen? Welch eine Verschwendung, die Würzpaste hat viel mehr drauf! Pesto bedeutet ja nichts anderes als »Zerriebenes« oder »Zerstoßenes« und tatsächlich lassen sich alle möglichen Kräuter, Nüsse und Samen zu köstlichen Würzpasten zerstoßen, mit denen Sie herrliche Salate zaubern können. Der ligurische Klassiker aus Basilikum, Pinienkernen, Knoblauch und geriebenem Parmesan passt zum Beispiel gut zu mediterranen Nudel- oder Kartoffelsalaten. Pestovarianten mit Safran und Mandeln oder mit Sesam und Koriandergrün verleihen spanischen bzw. asiatischen Partysalaten besonderen Pfiff. Auf Seite 165 finden Sie meine vier Lieblingsrezepte. Aber trauen Sie sich ruhig und experimentieren Sie selber! Wenn Sie gerade frische Kräuter wie Basilikum, Minze, Petersilie oder Zitronenmelisse im Garten haben, können Sie Pesto auch für den Vorrat zubereiten: einfach in ein sauberes Schraubglas füllen, die Oberfläche mit einer isolierenden Schicht aus dem Öl, das Sie auch fürs Pesto verwendet haben, bedecken und gut verschlossen im Kühlschrank aufbewahren (hält gut 10 Tage). Damit bereiten Sie ratzfatz einen leckeren Salat oder eine schnelle Pasta zu.

Sicher transportiert

Das kennen Sie sicher: Sie nehmen einen Salat in der Schüssel mit zu einer Einladung, durch Geruckel und Geschuckel unterwegs verschmiert der Schüsselrand und die Sache sieht bei der Ankunft alles andere als einladend aus. Geben Sie den Salat für den Transport deshalb besser in große Gläser mit Schraub- oder Bügelverschluss oder in Kunststoffgefäße mit fest schließendem Deckel. Vor Ort füllen Sie den Salat in eine saubere Schüssel und garnieren ihn hübsch, voilà – das perfekte Partymitbringsel!

Falls Ihr Salat aus warmen Zutaten wie Pellkartoffeln, Nudeln, Reis oder Ähnlichem besteht, lassen Sie ihn vor dem Abfüllen unbedingt offen vollständig auskühlen. Werden die Salate noch warm zugedeckt, bildet sich am Deckel Kondenswasser, das dann auf den Salat tropft und hässliche Schlieren verursacht. Im schlechtesten Fall kann der Salat sogar sauer werden.

Schön präsentiert

Große Schüsseln, aus denen sich jeder selbst bedienen kann, sind die beliebteste Art, Salate auf einem Büfett anzubieten. Wie wäre es mal mit was Neuem? Portionslöffeln zum Beispiel, auf denen bei eleganten Partys feine Snacks gereicht werden? Sie geben jeweils eine Mini-Portion des gewünschten Salats darauf, bekrönen diese mit einem Stückchen Fisch oder Fleisch, einer Muschel oder Garnele und garnieren das Ganze mit passenden Kräuterblättchen: Dem Belugalinsen-Salat mit Jakobsmuscheln von Seite 96 oder dem Sesam-Nudel-Salat mit Chiligarnelen von Seite 134 verhelfen Sie so zum großen Auftritt, der gut auf eine stilvolle Silvesterparty oder Jubiläumsfeier passt. Die Löffel dafür können Sie beim Partyservice ausleihen. Die Sache macht allerdings ein wenig Mühe und erfordert ein Händchen fürs

schnelle Anrichten und Dekorieren. Einfacher, aber ebenfalls effektvoll: Sie füllen den Salat portionsweise in kleine Gläschen, dekorieren diese hübsch und arrangieren die *verrines* auf dem Büfett (siehe auch Seite 79).

Bei Ihrem Fest ist etwas übrig geblieben? Partysalate mit Nudeln, Reis, Bulgur, Couscous, Kichererbsen, Bohnen oder Linsen können Sie problemlos aufbewahren und am nächsten Tag aufessen – sofern sie nicht leicht verderbliche Zutaten wie Mayonnaise, Fisch oder Meeresfrüchte enthalten. Kartoffelsalate sind ebenfalls recht empfindlich: Haben sie ein paar Stunden in der Wärme gestanden, sind sie, auch wenn's noch so schade ist, ein Fall für den Mülleimer. Sie wollen sich schließlich keine Magenverstimmung einfangen! Alle haltbaren Salate füllen Sie nach dem Fest in Kunststoffdosen oder saubere kleine Schüsseln um und stellen diese in den Kühlschrank.

Zum sicheren Transport als Partymitbringsel füllen Sie den Salat in verschließbare Gläser oder Kunststoffdosen.

Melonen-Mozzarella-Salat mit gerösteten Mandeln

Der fruchtig-leichte Salat sollte auf keinem Sommerfestbüfett fehlen.

ZUBEREITUNG: 25 MINUTEN
DURCHZIEHEN: MIND. 30 MINUTEN
FÜR 4–6 PERSONEN

Zutaten

Für den Salat

3 EL Mandelstifte
je 1 reife Cantaloup- und Galia-Melone
2 Schälchen Mini-Mozzarellakugeln
(je 150 g)
1 Bund Zitronenmelisse

Für das Dressing

4 EL Zitronensaft | ¼ TL Fleur de Sel
½ TL Zucker | 2 EL Vanilleöl
(siehe Seite 25)
2 EL Sonnenblumenöl

Die Mandelstifte in einem Pfännchen ohne Fett bei schwacher Hitze goldbraun rösten, beiseitestellen und abkühlen lassen.

Die Melonen halbieren und die Kerne entfernen. Die Hälften in Spalten teilen, schälen und das Fruchtfleisch würfeln. Die Mozzarellakugeln in ein Sieb abgießen und abtropfen lassen. Die Zitronenmelisse waschen und trocken schütteln, die Blätter abzupfen und grob schneiden.

Für das Dressing den Zitronensaft in einer Schüssel mit dem Fleur de Sel und dem Zucker verrühren, bis sich beide aufgelöst haben. Die beiden Ölsorten unterschlagen.

Die Melonenwürfel, die Mozzarellakugeln und die Zitronenmelisse zum Dressing geben und unterheben. Bis zum Servieren 30 Minuten bei Zimmertemperatur durchziehen lassen. Kurz vor dem Servieren die Mandelstifte darüberstreuen.

▮ VARIANTE: *Statt Melonen können Sie für einen* **Pfirsich-Mozzarella-Salat** *auch vier reife Pfirsiche häuten, entsteinen und in Spalten geschnitten dazugeben, anstelle von Zitronenmelisse passt auch Minze zu diesem fruchtigen Salat.*

▮ TIPP: *Wenn Sie den Melonen-Mozzarella-Salat zu einem Fest mitbringen, nehmen Sie die gerösteten Mandelstifte separat mit und streuen sie erst vor Ort darüber, damit sie schön knusprig bleiben.*

Griechischer Bauernsalat mit marinierten Oliven

Die eingelegten Oliven schmecken auch als Snack zum Aperitif.

ZUBEREITUNG: 25 MINUTEN
DURCHZIEHEN: MIND. 24 STUNDEN
FÜR 6 PERSONEN

Zutaten

Für den Salat

150 g schwarze Oliven (Kalamata)
3 Knoblauchzehen
1 TL getrockneter Oregano
6 EL Olivenöl
2 Salatgurken
3 Fleischtomaten
1 weiße Zwiebel
300 g Schafskäse

Für das Dressing

4 EL Zitronensaft | Salz | Pfeffer
Oliveneinlegeöl

Die Oliven in einem Sieb gut abtropfen lassen. Zwei Knoblauchzehen schälen und fein hacken. In einer Schüssel mit dem Oregano und dem Olivenöl mischen und die abgetropften Oliven darin einlegen. Zugedeckt mindestens 24 Stunden durchziehen lassen.

Die Gurken schälen und in Scheiben schneiden. Die Tomaten waschen, vom Stielansatz befreien und in mundgerechte Stücke schneiden. Die Zwiebel schälen und in feine Ringe schneiden.

Für das Dressing den Zitronensaft mit einem halben Teelöffel Salz und reichlich Pfeffer aus der Mühle verrühren. Die Oliven durch ein Sieb abgießen und das aromatisierte Öl unterschlagen.

Die übrige Knoblauchzehe längs halbieren und eine Salatschüssel damit ausreiben. Gurkenscheiben, Tomatenstücke, Zwiebelringe und Oliven in die Schüssel geben. Den Schafskäse darüberkrümeln und das Dressing untermischen. Dazu schmeckt Fladenbrot oder Ciabatta.

▌ VARIANTE: *Nicht typisch griechisch, aber ebenfalls lecker schmeckt der Salat, wenn Sie noch zwei in Streifen geschnittene rote oder gelbe **Paprikaschoten** untermischen.*

▌ TIPP: *Die Oliven können Sie auch schon einige Tage vorher in dem Öl einlegen und zugedeckt im Kühlschrank aufbewahren. Dass das Olivenöl dabei fest wird, tut dem Geschmack keinen Abbruch, es verflüssigt sich bei Raumtemperatur sofort wieder und lässt sich dann problemlos unter das Dressing rühren.*

Brotsalat mit Kirschtomaten und gegrilltem Gemüse

Die Vorbereitungen machen ein wenig Mühe, aber die lohnt sich, versprochen!

ZUBEREITUNG: 1 STUNDE
DURCHZIEHEN: 30 MINUTEN
FÜR 4–6 PERSONEN

Zutaten

Für den Salat

je 2 rote und gelbe Paprikaschoten
250 g kleine Kirschtomaten
etwa 4 EL Olivenöl | Salz | Zucker
1 kleine Aubergine | 2 kleine Zucchini
Pfeffer | ½ Fladenbrot
1 rote Zwiebel
je ½ Bund Petersilie und Minze
4–5 Blätter Romanasalat

Für das Dressing

4 EL Zitronensaft | Salz | Pfeffer
6 EL Kräuter-Knoblauch-Öl
(siehe Seite 27)

Die Paprikaschoten wie auf Seite 126 beschrieben im Backofen grillen, enthäuten und das Fruchtfleisch in mundgerechte Stücke schneiden.

Die Kirschtomaten waschen und die Stielansätze mit einem spitzen Messer herausschneiden. Zwei Esslöffel Öl in einer Pfanne erhitzen. Die Tomaten hineingeben, eine kräftige Prise Salz und einen halben Teelöffel Zucker darüberstreuen. 2–3 Minuten bei mittlerer Hitze karamellisieren lassen, die Pfanne dabei gelegentlich rütteln. Lauwarm abkühlen lassen.

Die Aubergine in etwa drei Millimeter dünne Scheiben schneiden, salzen und 10 Minuten Wasser ziehen lassen. Die Zucchini waschen und schräg ebenfalls in etwa drei Millimeter dünne Scheiben schneiden. Die Auberginenscheiben ausdrücken und trocken tupfen. Eine Grillpfanne erhitzen, die Stege immer wieder mit Olivenöl einpinseln und die Auberginen- und Zucchinischeiben darin von beiden Seiten grillen, salzen und pfeffern.

Das Brot quer halbieren und mit den Schnittflächen nach oben unter dem Backofengrill in 6–7 Minuten goldbraun rösten. Die Zwiebel schälen, längs halbieren und in feine Spalten schneiden. Petersilie, Minze und Salatblätter waschen, die Kräuter hacken, den Romanasalat in Streifen schneiden.

Den Zitronensaft in einer Schüssel mit einer kräftigen Prise Salz und reichlich Pfeffer aus der Mühle verrühren und das Öl unterschlagen. Das Brot in mundgerechte Stücke zupfen und mit den übrigen Zutaten unter das Dressing mischen. Vor dem Servieren 30 Minuten durchziehen lassen.

▌ TIPP: *Wer kein Kräuter-Knoblauch-Öl im Vorrat hat, verwendet gutes, kalt gepresstes Olivenöl und presst eine oder zwei geschälte Knoblauchzehen dazu.*

Safran-Mandel-Pesto

Die spanische Salsa romesco stand Pate für dieses goldgelbe Pesto für Hähnchen- und Nudelsalate.

Koriander-Sesam-Pesto

Das asiatisch inspirierte Pesto schmeckt gut in Glasnudel- und Garnelensalaten.

Basilikum-Walnuss-Pesto

Walnüsse statt Pinienkerne: Diese Variante des ligurischen Klassikers passt gut zu Salaten mit gegrilltem Gemüse oder Hähnchenbrust.

Tomaten-Pinienkern-Pesto

Getrocknete Tomaten geben dem Pesto ein intensives Aroma, das gut zu mediterranen Nudelsalaten passt.

Basilikum-Walnuss-Pesto

ZUBEREITUNG: 10 MINUTEN
FÜR 4 PERSONEN

Zutaten

1 großes Bund Basilikum
1 Knoblauchzehe
50 g Walnusskerne | 4 EL Walnussöl
30 g Parmesan, frisch gerieben
Salz | Pfeffer

Das Basilikum waschen und trocken schütteln, die Blätter abzupfen. Den Knoblauch schälen und etwas zerkleinern. Beides mit den Walnusskernen und dem Öl pürieren. Den Parmesan unterrühren und mit Salz und Pfeffer würzig abschmecken.

Tomaten-Pinienkern-Pesto

ZUBEREITUNG: 10 MINUTEN
FÜR 4 PERSONEN

Zutaten

2 EL Pinienkerne
3 Zweige frischer Thymian
1 Knoblauchzehe
10 getrocknete Tomaten (in Öl)
4 EL Tomateneinlegeöl | Salz
1 getrockneter Peperoncino
2 EL frisch geriebener Parmesan

Die Pinienkerne in einer Pfanne ohne Fett rösten, abkühlen lassen. Den Thymian waschen, die Blättchen abstreifen und fein hacken. Den Knoblauch schälen und hacken. Die getrockneten Tomaten zerkleinern. Pinienkerne, Knoblauch, getrocknete Tomaten und Öl mit einer Prise Salz und dem zerbröselten Peperoncino pürieren. Parmesan und Thymian unterrühren.

Safran-Mandel-Pesto

ZUBEREITUNG: 15 MINUTEN
FÜR 4 PERSONEN

Zutaten

1 Döschen Safranfäden (0,1 g)
1 Scheibe altbackenes Weißbrot
(etwa 40 g)
2 Knoblauchzehen | 4 EL Olivenöl
3 EL Mandelstifte | 1 TL abgeriebene
unbehandelte Orangenschale
Salz | Cayennepfeffer

Den Safran in sechs Esslöffel heißem Wasser auflösen. Das Brot entrinden und würfeln, den Knoblauch schälen und hacken. Das Öl in einer Pfanne erhitzen. Brot, Knoblauch und Mandelstifte darin 2–3 Minuten rösten. Abgekühlt mit der Orangenschale im Mörser zerstoßen, den aufgelösten Safran unterrühren, mit Salz und Cayennepfeffer abschmecken.

Koriander-Sesam-Pesto

ZUBEREITUNG: 10 MINUTEN
FÜR 4 PERSONEN

Zutaten

2 EL Sesam | 1 große grüne Chilischote
1 Bund Koriandergrün | 1 EL Limettensaft
Salz | Zucker | 4 EL Sonnenblumenöl

Die Sesamsamen ohne Fett in einer Pfanne rösten, abkühlen lassen. Die Chilischote waschen, längs aufschneiden, von den Samen befreien und hacken. Das Koriandergrün waschen und trocken schütteln, Blätter und zarte Stiele grob hacken. Alles mit dem Limettensaft im Mixer fein pürieren. Mit Salz und Zucker abschmecken und das Öl unterrühren.

Italienischer Nudelsalat mit Tomaten und Oliven

Ein Nudelsalat wie dieser kommt immer gut an und übersteht unbeschadet einen langen Abend auf dem Partybüfett.

ZUBEREITUNG: 30 MINUTEN
DURCHZIEHEN: 1 STUNDE
FÜR 6–8 PERSONEN

Zutaten

Für den Salat

500 g Nudeln (beispielsweise Farfalle)
Salz | 1 Salatgurke
2 gelbe Paprikaschoten
250 g Kirschtomaten
1 Bund Basilikum
100 g Oliven
1 Stück Parmesan (etwa 40 g)

Für das Dressing

1 Rezeptmenge Tomaten-Pinienkern-Pesto (siehe Seite 165)
2 EL Weißweinessig | Salz | Pfeffer

In einem großen Topf reichlich Wasser aufkochen, kräftig salzen und die Nudeln darin nach Packungsanweisung bissfest kochen. Durch ein Sieb abgießen (etwas Kochwasser für das Dressing auffangen), kalt abschrecken und lauwarm abkühlen lassen.

Inzwischen die Salatgurke schälen, längs halbieren und die Kerne herauskratzen. Die Gurkenhälften in schmale Halbmonde schneiden. Die Paprikaschoten von Stiel, Samen und Scheidewänden befreien, waschen, vierteln und in feine Streifen schneiden. Die Tomaten waschen und vierteln. Das Basilikum waschen, trocken schütteln und die Blätter fein schneiden.

Für das Dressing das Pesto mit dem Essig und etwas Nudelkochwasser verrühren und mit Salz und Pfeffer würzig abschmecken. Nudeln, Gurke, Paprika, Tomaten, Basilikum und Oliven untermischen und den Salat 1 Stunde zugedeckt durchziehen lassen. Vor dem Servieren noch einmal abschmecken und den Parmesan mit dem Sparschäler darüberhobeln.

▌ VARIANTE: *Statt Nudeln können Sie auch 500 Gramm* **getrocknete Tortellini** *(mit Fleisch- oder Spinat-Ricotta-Füllung), die Sie dann nach Packungsanleitung kochen, verwenden.*

Nudelsalat mit Fenchel und Sardinen

Auf Sizilien verwendet man dafür wilden Fenchel, der um einiges aromatischer, aber bei uns nur schwer zu bekommen ist.

ZUBEREITUNG: 40 MINUTEN
FÜR 6–8 PERSONEN

Zutaten

Für den Salat

500 g Nudeln (beispielsweise Penne)
Salz
3 junge Knollen Gemüsefenchel
(etwa 500 g)
3–4 Frühlingszwiebeln
2 Knoblauchzehen
10–12 frische Sardinen (etwa 400 g)
4 EL Olivenöl | Pfeffer | 3 EL Pinienkerne

Für das Dressing

2 EL Zitronensaft | Salz | 4 EL Olivenöl

In einem Topf Wasser aufkochen, kräftig salzen und die Nudeln darin nach Packungsanweisung bissfest kochen. Durch ein Sieb abgießen, kalt abschrecken und abkühlen lassen.

Vom Fenchel das Grün abschneiden und beiseitelegen. Die Knollen putzen, waschen, längs halbieren, vom Strunk befreien und in feine Spalten schneiden. Die Frühlingszwiebeln putzen, waschen und – weiße und grüne Teile separat – fein schneiden. Die Knoblauchzehen schälen und fein hacken.

Die Sardinen am Schwanz festhalten und unter fließendem Wasser mit einem Messer zum Kopf hin die Schuppen abkratzen. Dann die Fische am Bauch aufschneiden, die Eingeweide entfernen, die Fischchen gut waschen und trocken tupfen. In einer Pfanne zwei Esslöffel Öl erhitzen und die Sardinen darin von jeder Seite 2 Minuten braten. Vor dem Wenden den Knoblauch hinzufügen. Mit Salz und Pfeffer würzen, vom Herd nehmen und lauwarm abkühlen lassen.

In einer anderen Pfanne die Pinienkerne bei schwacher Hitze ohne Fett goldbraun rösten, herausnehmen. Die restlichen zwei Esslöffel Öl in die Pfanne geben, erhitzen und den Fenchel sowie das Weiße der Frühlingszwiebeln darin 3–4 Minuten unter regelmäßigem Wenden anbraten. Mit vier Esslöffeln Wasser ablöschen und bei mittlerer Hitze weitere 3–4 Minuten zugedeckt schmoren lassen. Das Frühlingszwiebelgrün unterrühren, die Pfanne vom Herd nehmen und abkühlen lassen.

Für das Dressing den Zitronensaft mit einem Drittel Teelöffel Salz verrühren und das Öl unterschlagen. Die Nudeln, die Fenchel-Frühlingszwiebel-Mischung und die Pinienkerne untermischen. Von den Sardinen die Köpfe und die Mittelgräte entfernen und die Fischfilets in Stücke pflücken. Vorsichtig unter den Nudelsalat heben und diesen in eine Servierschüssel füllen. Das Fenchelgrün fein schneiden und daraufstreuen.

Toskanischer Bohnensalat mit knusprigen Salbeiblättern

Für diesen Salat gibt es kein klassisches Dressing, die Bohnen werden mit Essig abgeschmeckt und schmecken am besten lauwarm.

EINWEICHEN: 12 STUNDEN
GAREN: 1 STUNDE 30 MINUTEN
ZUBEREITUNG: 25 MINUTEN
FÜR 6 PERSONEN

Zutaten

250 g getrocknete weiße Bohnen
(Cannellini)
etwa 1,2 l Gemüsebrühe
3 Knoblauchzehen
6 EL Olivenöl
1 Packung Tomatenpüree (370 g)
Salz | Pfeffer
4–5 EL Rotweinessig
4 Strauchtomaten
12 große Salbeiblätter

Die Bohnen in einer Schüssel mit reichlich kaltem Wasser bedecken und 12 Stunden einweichen lassen. Dann abgießen, in einem Topf mit der Gemüsebrühe bedecken und in etwa 1 ½ Stunden weich kochen. Durch ein Sieb abgießen und abtropfen lassen.

Den Knoblauch schälen und fein hacken. Drei Esslöffel Öl in einem Topf erhitzen und den Knoblauch darin anbraten. Bohnen und Tomatenpüree dazugeben und 15 Minuten bei schwacher Hitze zugedeckt schmoren lassen, gelegentlich umrühren. Mit Salz, reichlich Pfeffer aus der Mühle und dem Rotweinessig würzen. Etwas abkühlen lassen.

Die Tomaten waschen, quer halbieren, die Samen und Stielansätze entfernen und die Hälften fein würfeln. Unter die Bohnen rühren und diese noch einmal mit Salz, Pfeffer und Essig abschmecken.

Die Salbeiblätter waschen und mit Küchenpapier sehr gut abtrocknen. Das übrige Öl in einer Pfanne erhitzen und die Salbeiblätter darin in etwa 1 Minute knusprig braten. Herausnehmen und auf Küchenpapier abtropfen lassen.

Den Bohnensalat auf Schalen oder Gläser verteilen und mit den Salbeiblättern garniert servieren.

Bulgur-Tomaten-Salat mit Zitronen-Kräuter-Dressing

Kräuterwürzig, mit feiner Schärfe – der Salat aus geschrotetem Weizen hat das Zeug zum Partyhit!

ZUBEREITUNG: 25 MINUTEN
DURCHZIEHEN: MIND. 30 MINUTEN
FÜR 4 PERSONEN

Zutaten

Für den Salat

250 g Bulgur (fein)
4–5 Strauchtomaten (1 kg)
3 hellgrüne türkische Spitzpaprikaschoten

Für das Dressing

1 unbehandelte Zitrone | Salz | Pfeffer
½–1 TL Pulbiber (Chiliflocken aus dem
türkischen Lebensmittelladen)
je 3 EL Zitronen- und Minzöl
(siehe Seite 25, ersatzweise Olivenöl)
je ½ Bund Petersilie und Minze

Den Bulgur in eine Schüssel geben. Nach und nach 350 Milliliter lauwarmes Wasser hinzufügen und mit den Händen unterkneten. 20 Minuten zugedeckt quellen lassen.

Inzwischen die Tomaten mit kochendem Wasser überbrühen, kalt abschrecken und enthäuten. Die Tomaten quer halbieren, die Samen und Stielansätze entfernen und die Hälften klein würfeln. Die Paprikaschoten längs aufschneiden, Stiel, Samen und Scheidewände entfernen, das Fruchtfleisch waschen und klein schneiden.

Die Zitrone heiß abwaschen, abtrocknen und die Schale fein abreiben, anschließend den Saft auspressen. Beides mit einem halben Teelöffel Salz, reichlich frisch gemahlenem Pfeffer und Pulbiber verrühren. Die beiden Ölsorten unterschlagen. Petersilie und Minze waschen und trocken schütteln, die Blätter fein schneiden und untermischen.

Die Tomatenwürfelchen und die Paprikastücke mit dem Dressing mischen. Den Bulgur mit den Händen dazureiben, sodass sich kleine Klümpchen auflösen. Alles gut durchmischen und mindestens 30 Minuten durchziehen lassen. Vor dem Servieren den Salat noch einmal mit Salz und Pfeffer abschmecken.

▌VARIANTEN: *Wer mag, ersetzt die Hälfte der Tomaten durch eine geschälte, entkernte und in kleine Würfel geschnittene* **Salatgurke**. *Statt Bulgur können Sie als Basis auch* **Instant-Couscous** *verwenden: 250 Gramm davon mit 250 Milliliter kochendem Salzwasser überbrühen, nach Packungsangabe 5–7 Minuten quellen lassen und mit einer Gabel auflockern. Lauwarm abgekühlt mit dem Zitronen-Kräuter-Dressing, den Tomaten und Paprikastückchen mischen.*

Safranreissalat mit Puten-streifen und Garnelen

Safran verleiht dem Salat eine appetitliche Farbe und ein feines Aroma.

ZUBEREITUNG: 45 MINUTEN
FÜR 4–6 PERSONEN

Zutaten

Für den Salat

250 g Langkornreis | Salz
1 Döschen gemahlener Safran (0,1 g)
250 g Putenschnitzel
2 EL neutrales Öl
Cayennepfeffer
je 1 rote, gelbe und grüne Paprikaschote
3–4 Frühlingszwiebeln
200 g gegarte Garnelen (Party-Gambas,
aus der Kühltheke)

Für das Dressing

4 EL Zitronensaft | Salz | Cayennepfeffer
Zucker | 6 EL Sonnenblumenöl

Den Reis mit 600 Milliliter gesalzenem Wasser in einem Topf zum Kochen bringen und zugedeckt bei schwacher Hitze etwa 15 Minuten quellen lassen. In den letzten 5 Kochminuten den Safran unterrühren. Den Reis vom Herd nehmen und abkühlen lassen.

Inzwischen das Fleisch kalt abwaschen, trocken tupfen und in schmale Streifen schneiden. Das Öl in einer Pfanne erhitzen und die Putenstreifen darin bei mittlerer Hitze goldbraun braten. Mit Salz und Cayennepfeffer würzen und beiseitestellen.

Die Paprikaschoten halbieren, Stielansatz, Samen und Scheidewände entfernen, waschen und die Hälften fein würfeln. Die Frühlingszwiebeln putzen, waschen und fein schneiden.

Für das Dressing den Zitronensaft mit je einer kräftigen Prise Salz und Cayennepfeffer und einer kleinen Prise Zucker verrühren und das Öl unterschlagen. Paprikawürfelchen, Frühlingszwiebeln, Reis, Putenstreifen und Garnelen dazugeben, alles gut vermischen und 1 Stunde zugedeckt durchziehen lassen. Vor dem Servieren noch einmal abschmecken.

▌ VARIANTE: *Wer Paprikaschoten nicht mag oder nicht verträgt, kann sie auch weglassen und dafür 250 Gramm klein gewürfelte **frische Ananas** unter den Safranreissalat mischen.*

Rohkostsalat mit Ananas und Walnüssen

Dieser farbenfrohe Vitamincocktail schmeckt besonders gut mit herzhaftem Bauernbrot.

ZUBEREITUNG: 40 MINUTEN
DURCHZIEHEN: 2 STUNDEN
FÜR 6–8 PERSONEN

Zutaten

Für den Salat

1 kleine Ananas | 4 EL Orangenlikör
300 g Zucchini | 100 g Walnusshälften
500 g Bundmöhren
1 Bund Frühlingszwiebeln
2–3 Stangen Staudensellerie mit Grün

Für das Dressing

125 g Salatmayonnaise
125 g Crème fraîche
1 EL mittelscharfer Senf | Salz | Pfeffer

Die Ananas schälen, den harten Strunk entfernen. Das Fruchtfleisch in kleine Würfel schneiden, in einer Schüssel mit dem Orangenlikör beträufeln und 15 Minuten durchziehen lassen.

Die Zucchini waschen, erst längs in Streifen, dann quer in streichholzgroße Stifte schneiden. In ein Sieb geben, mit Salz bestreuen und 10 Minuten Wasser ziehen lassen. Fünf Walnusshälften für die Dekoration beiseitelegen, die restlichen Nüsse grob hacken.

Für das Dressing die Mayonnaise mit der Crème fraîche und dem Senf verrühren und mit Salz und Pfeffer kräftig abschmecken. Die Bundmöhren schälen und grob raspeln. Die Frühlingszwiebeln waschen, putzen und schräg in feine Ringe schneiden. Die Selleriestangen waschen und in feine Scheiben schneiden (etwas vom Grün für die Dekoration zurückbehalten). Möhrenraspel, Frühlingszwiebeln und Sellerie unter das Dressing heben.

Die Zucchini gut ausdrücken, mit den Ananasstückchen und den gehackten Walnüssen unter den Salat mischen und diesen 2 Stunden zugedeckt durchziehen lassen. Mit Selleriegrün und den übrigen Walnusshälften dekorieren.

▌ TIPP: *Wenn Sie keinen Alkohol verwenden möchten, sollten Sie den Salat mit Ananas aus der Dose zubereiten. Frische Ananas enthält nämlich eiweißspaltende Enzyme, die das Dressing bei längerem Stehen bitter werden lassen. Der Alkohol verhindert diesen Abbauprozess.*

Spanischer Kartoffelsalat

Ensaladilla rusa heißt er in Spanien und wird dort gerne als Vorspeise gegessen, eignet sich aber auch prima als Partysalat zu Gegrilltem.

ZUBEREITUNG: 1 STUNDE
FÜR 8–10 PERSONEN

Zutaten

Für den Salat

2 kg große festkochende Kartoffeln
6 Eier
2 Dosen Thunfisch in Öl (je 185 g)
200 g grüne Oliven (ohne Stein)
Salz

Für das Dressing

4 EL Salatmayonnaise
1 EL mittelscharfer Senf

Die Kartoffeln waschen, in einem Topf mit Wasser bedecken und in etwa 25 Minuten weich kochen. Abgießen, ausdampfen und lauwarm abkühlen lassen.

Inzwischen die Eier hart kochen, kalt abschrecken, pellen und ebenfalls lauwarm abkühlen lassen. Den Thunfisch in einem Sieb abtropfen lassen und mit einer Gabel zerpflücken. Die Oliven abtropfen lassen und in Scheiben schneiden.

Die Kartoffeln pellen und in etwa einen halben Zentimeter große Würfel schneiden. Die Eier ebenso klein würfeln. Kartoffeln und Eier salzen.

Für das Dressing die Mayonnaise mit dem Senf verrühren. Kartoffeln, Eier, Thunfisch und Oliven dazugeben und alles sorgfältig vermengen. Mit Salz abschmecken.

▌ VARIANTEN: *Dieses Basisrezept der* ensaladilla rusa *können Sie ganz nach Belieben mit* **Erbsen**, *in Achtel geschnittenen* **Tomaten**, *klein gewürfelten* **Paprika** *und feinen* **Zwiebelspalten** *anreichern.*

▌ TIPP: *Wenn Sie für ein Fest eine große Menge dieses Kartoffelsalats zubereiten, schneiden Sie die gepellten Kartoffeln und die harten Eier nicht mit der Hand, sondern verwenden dazu einen Eierschneider: Kartoffeln einlegen, einmal durchschneiden, um 180 Grad wenden, durchschneiden, einmal drehen und noch einmal durchschneiden, voilà – so erhalten Sie ruckzuck perfekte kleine Würfel!*

Kartoffelsalat mit Radieschen und Bacon

Knuspriger Speck ist das i-Tüpfelchen auf diesem deftigen Kartoffelsalat.

ZUBEREITUNG: 45 MINUTEN
DURCHZIEHEN: 1 STUNDE
FÜR 4 PERSONEN

Zutaten

Für den Salat

1 kg festkochende Kartoffeln
Salz | Kümmel
2 Bund Radieschen (mit frischen Blättern)
1 Bund Schnittlauch
100 g Bacon (geräucherter Bauchspeck in Scheiben)

Für das Dressing

125 ml Gemüsebrühe
6 EL milder Weißweinessig
Salz | Pfeffer | 4 EL Sonnenblumenöl

Die Kartoffeln waschen, in einem Topf mit Wasser bedecken und je einen halben Teelöffel Salz und Kümmel hinzufügen. In etwa 25 Minuten weich kochen, abgießen und ausdampfen lassen.

Einige schöne, zarte Radieschenblätter abzupfen, waschen und in einem Sieb abtropfen lassen. Die Radieschen von den restlichen Blättern und Wurzeln befreien, vierteln, in einem Sieb mit Salz bestreuen und 20 Minuten Wasser ziehen lassen. Den Schnittlauch waschen und in Röllchen schneiden.

Für das Dressing die Gemüsebrühe lauwarm erhitzen, mit dem Essig, einer kräftige Prise Salz, etwas Pfeffer und dem Öl verrühren.

Sobald sich die Kartoffeln anfassen lassen, pellen, in Scheiben schneiden und in eine Schüssel geben. Das Dressing darübergießen. Die Radieschen kalt abbrausen, trocken tupfen und mit dem Schnittlauch untermischen. Den Salat 1 Stunde zugedeckt durchziehen lassen.

Die Baconstreifen in einer Pfanne knusprig braun braten. Herausnehmen und auf Küchenpapier abtropfen lassen. Zum Servieren den Kartoffelsalat noch einmal mit Salz und Pfeffer abschmecken. Den knusprigen Bacon in Stücke brechen und mit den Radieschenblättern untermischen. Dazu schmecken Brezen oder herzhaftes Bauernbrot.

▌ SCHON GEWUSST: *Kümmel im Kochwasser intensiviert den Eigengeschmack der Kartoffeln. Man kann ihn natürlich auch weglassen.*

Kartoffel-Forellen-Salat mit Wasabi-Dressing

Apfelstückchen verleihen dem scharfen Kartoffel-Räucherfisch-Salat eine fruchtige Note.

ZUBEREITUNG: 30 MINUTEN
DURCHZIEHEN: 1 STUNDE
FÜR 6 PERSONEN

Zutaten

Für den Salat

1 kg große festkochende Kartoffeln
Salz
2 grüne Äpfel
2 EL Zitronensaft
1 Kästchen Kresse

Für das Dressing

3 EL Joghurt
3 EL Crème fraîche | Salz
1–2 EL Wasabi-Paste
(aus dem Asienladen)
250 g geräucherte Forellenfilets

Die Kartoffeln schälen und in etwa einen Zentimeter große Würfel schneiden. In einem Topf mit Wasser bedecken, salzen und in etwa 10 Minuten weich kochen. In ein Sieb abgießen und lauwarm abkühlen lassen.

Inzwischen die Äpfel gründlich waschen und abtrocknen, das Kerngehäuse entfernen und das Fruchtfleisch in einen halben Zentimeter große Würfelchen schneiden. Sofort mit dem Zitronensaft vermischen, damit die Apfelstücke nicht braun werden.

Den Joghurt mit der Crème fraîche, einer kräftigen Prise Salz und einem Esslöffel Wasabi-Paste verrühren. Die Apfel- und Kartoffelwürfel untermischen. Mit der übrigen Wasabi-Paste nachwürzen, bis der gewünschte Schärfegrad erreicht ist, und eventuell mit weiterem Salz abschmecken.

Die Forellenfilets jeweils längs teilen und in Stücke zerpflücken. Die Kresse vom Beet schneiden. Beides unter den Salat mischen und diesen vor dem Servieren etwa 1 Stunde durchziehen lassen.

▌ SCHON GEWUSST: *Wasabi ist eine unserem Meerrettich verwandte japanische Wurzel, die allerdings um einiges schärfer ist! Sie bekommen sie im Asienladen entweder als Pulver, das man dann selber mit Wasser anrühren muss, oder als gebrauchsfertige Paste in der Tube, die im Kühlschrank gut ein Jahr haltbar ist.*

Curryhähnchensalat mit Pfirsichen

Sie können den Salat schon am Vortag zubereiten und im Kühlschrank aufbewahren. Durchgezogen schmeckt er fast noch besser!

ZUBEREITUNG: 40 MINUTEN
FÜR 6 PERSONEN

Zutaten

Für den Salat

600 g Hähnchenbrustfilet
1 EL Currypulver
1 EL Sesamöl
4 reife Pfirsiche
3 Stangen Staudensellerie
2 EL neutrales Öl
Salz

Für das Dressing

100 g Crème fraîche
100 g Salatmayonnaise
1 EL mittelscharfer Senf
1 EL Currypulver | Salz

Das Hähnchenfleisch kalt abwaschen, abtrocknen und in Streifen schneiden. Mit dem Currypulver und dem Sesamöl sorgfältig vermischen und zugedeckt 15 Minuten marinieren.

Inzwischen die Pfirsiche mit kochendem Wasser überbrühen, kalt abschrecken und enthäuten. Die Früchte halbieren, entsteinen und die Hälften klein würfeln. Den Staudensellerie putzen, waschen und in dünne Scheiben schneiden.

Jeweils einen Esslöffel Öl in einer Pfanne erhitzen und das Hähnchenfleisch darin in zwei Portionen bei mittlerer Hitze goldbraun braten. Salzen und abkühlen lassen.

Für das Dressing die Crème fraîche mit der Salatmayonnaise, dem Senf und dem Currypulver in einer Schüssel verrühren. Die Pfirsichstücke, die Hähnchenstreifen und den Staudensellerie hinzufügen und gut untermischen. Mit Salz abschmecken. Knuspriges Weißbrot dazu anbieten.

▌VARIANTEN: *Außerhalb der Saison ersetzen Sie die Pfirsiche durch **Ananas**. Und statt Hähnchenfleisch können Sie auch **Putenbrust** verwenden. Der Hähnchen-Pfirsich-Salat schmeckt auch mit dem **Safran-Mandel-Pesto** von Seite 165: Dazu die Hähnchenstreifen nicht marinieren, sondern sofort im Öl braten und mit Salz und Cayennepfeffer würzen. Das Pesto mit vier Esslöffeln Orangensaft glatt rühren, die Hähnchenstreifen, die Pfirsichwürfel und den Staudensellerie untermischen und den Salat mit Salz und Cayennepfeffer abschmecken.*

Rote-Linsen-Salat mit Aprikosendressing

Die fruchtige Süße der getrockneten Aprikosen passt ausgezeichnet zu den zarten Linsen.

ZUBEREITUNG: 40 MINUTEN
FÜR 4 PERSONEN

Zutaten

Für den Salat

1 Knoblauchzehe
1 walnussgroßes Stück Ingwer
3 Frühlingszwiebeln
2 EL neutrales Öl
250 g rote Linsen
500 ml Gemüsebrühe
½ Bund Koriandergrün (nach Belieben)

Für das Dressing

80 g getrocknete Aprikosen
Saft von 1 Orange
4 EL Granatapfelessig
(siehe Seite 21 oder Weißweinessig)
Salz | Cayennepfeffer
4 EL Walnussöl

Für das Dressing die getrockneten Aprikosen fein würfeln. In einem Topf mit dem Orangensaft aufkochen, vom Herd nehmen und 15 Minuten zugedeckt ziehen lassen.

Inzwischen den Knoblauch und den Ingwer schälen und fein hacken. Die Frühlingszwiebeln putzen, waschen und – weiße und grüne Teile getrennt – in feine Ringe schneiden.

Das Öl in einem Topf erhitzen, Knoblauch, Ingwer und die weißen Teile der Frühlingszwiebeln darin 1 Minute anbraten. Die Linsen dazugeben und 1 Minute unter Rühren mitbraten. Mit der Brühe ablöschen, aufkochen und 10 Minuten zugedeckt bei schwacher Hitze kochen lassen. Vom Herd nehmen und lauwarm abkühlen lassen.

Die Aprikosen durch ein Sieb abgießen, den Saft dabei auffangen. Diesen mit dem Granatapfelessig und je einer kräftigen Prise Salz und Cayennepfeffer verrühren. Das Öl unterschlagen und die Aprikosenstückchen untermischen.

Das Aprikosendressing und das Frühlingszwiebelgrün unter die Linsen mischen und den Salat mit Salz abschmecken. Falls verwendet das Koriandergrün waschen und trocken schütteln, die Blätter abzupfen, grob hacken und untermischen.

▌ SCHON GEWUSST: *Rote Linsen sind besonders zart, haben ein nussartiges Aroma und nur eine sehr kurze Garzeit. Nach 12 Minuten fangen sie bereits an zu zerfallen. Sie sollten für den Salat deshalb den Gargrad der Linsen immer wieder prüfen und die Hülsenfrüchte rechtzeitig vom Herd nehmen!*

Glasnudelsalat mit scharfen Hackbällchen

Mit diesem Salat liegen Sie voll im Asia-Trend – das perfekte Mitbringsel für coole Partys.

ZUBEREITUNG: 45 MINUTEN
FÜR 6–8 PERSONEN

Zutaten

Für den Salat

2 Knoblauchzehen
1 Stück frischer Ingwer (etwa 3 cm)
1 Bund Koriandergrün
400 g gemischtes Hackfleisch | Salz
etwa 1 TL Sambal Oelek
4 EL helle Sojasauce
200 g Glasnudeln
1 Bund Frühlingszwiebeln
200 g Kirschtomaten

Für das Dressing

1–2 große rote Chilischoten
(je nach gewünschter Schärfe)
1 TL Zucker | etwa ½ TL Salz
4 EL Zitronen-Ingwer-Essig (siehe
Seite 23, ersatzweise Limettensaft)
1 TL geröstetes Sesamöl
(aus dem Asienladen)
4 EL Sonnenblumenöl

Den Knoblauch und den Ingwer schälen und fein hacken. Das Koriandergrün waschen und trocken schütteln, von einem Drittel die Blätter und zarten Stiele fein hacken, den Rest beiseitelegen. Knoblauch, Ingwer und gehacktes Koriandergrün unter das Hackfleisch kneten und mit Salz und Sambal Oelek würzig abschmecken. Aus der Masse walnussgroße Bällchen formen.

In einem flachen Topf einen Liter Wasser mit der Sojasauce aufkochen. Die Bällchen einlegen und bei schwacher Hitze in 3–4 Minuten gar ziehen lassen. Mit einem Schaumlöffel herausnehmen und abkühlen lassen.

Die Glasnudeln in eine Schüssel geben. Die Garflüssigkeit noch einmal aufkochen und durch ein Sieb über die Glasnudeln gießen. Die Nudeln 4 Minuten ziehen lassen, dann durch ein Sieb abgießen und abtropfen lassen. Etwas abgekühlt mit der Küchenschere zerschneiden.

Die Frühlingszwiebeln putzen, waschen und in feine Ringe schneiden. Die Kirschtomaten waschen, halbieren und die Stielsansätze entfernen. Vom beiseitegelegten Koriandergrün die Blätter abzupfen und grob hacken.

Für das Dressing die Chilischote(n) längs aufschneiden, von den Samen befreien, waschen und klein schneiden. Mit dem Zucker und einem halben Teelöffel Salz im Mörser fein zerstoßen. Zitronen-Ingwer-Essig und die beiden Öle unterrühren.

Die Glasnudeln in einer Schüssel mit dem Dressing, den Frühlingszwiebeln, Tomaten und dem Koriandergrün mischen und die Hackbällchen untermengen. Mit Salz abschmecken und zugedeckt mindestens 1 Stunde, gerne länger durchziehen lassen.

▌ VARIANTEN: *Statt des hier beschriebenen Dressings können Sie auch das **Koriander-Sesam-Pesto** von Seite 165 mit vier Esslöffeln Zitronen-Ingwer-Essig (oder Limettensaft) glatt rühren und den Glasnudelsalat damit anmachen.*
*Anstelle der Hackbällchen können Sie den Salat auch mit 400 Gramm gegarten **Gambas** (aus der Kühltheke) zubereiten.*

Alles, was das Leben schön macht.

Die besten Ideen kommen vom Land.